・・・
伝わる発音が身につく！

にほんご話し方トレーニング

中川千恵子・木原郁子・赤木浩文・篠原亜紀

|中・上級レベル|

JN161354

ask

まえがき

　これまで、日本語学習者の発音教育に携わってきました。聞き手にとって「聞きやすくわかりやすい発音」を習得することを第一に考えてきましたが、この本ではさらに、学習者自身にとっても「言いやすい発音」というものを理解し習得することも目標としました。学習者自身が理解して納得できれば、「自律的に学習し続ける」能力も身に付けられると考えました。

　以前、初級レベルの日本語学習者を対象に、楽しく運用しながら発音学習をする本を作成しましたが、中上級レベルの本はありませんでした。そこで、2012年から早稲田大学日本語教育研究センターの中上級レベルの日本語発音コース用に、試用版を作成し、使用し、手を加えて本書を完成させました。

　教師も学習者も、練習がしやすく効果が実感できることが大切です。単音やアクセントの習得は大事なことですが、人によっては習得しにくく、くじけてしまうことも多々あります。アクセントについては、辞書を使って調べることも煩雑であり、これも学習をあきらめる理由になります。そこで、まずは練習しやすく効果的な発音項目として、意味的なまとまりの単位の「句切り」を入れることと、日本語の特徴である「へ」の字型イントネーションで発音することを基本的目標としました。「句切り」を入れて「へ」の字型イントネーションにするだけで、聞き手にとって「聞きやすくわかりやすい」発音になります。

　学習者が学習しやすいことを考慮して、この本では、イントネーションやアクセントやリズムを、視覚的なマークで表示しました。CD音声とともに練習すれば、学習者にとって理解しやすく、効果的だと考えたからです。

　発音向上のための本ではありますが、基本的には、運用しながら学習をすることが大事だと考えています。そのため、スピーチや会話で練習するようにしました。内容も楽しいものにするようにしました。

　この本の制作中に、開発にかかわったオンライン日本語アクセント辞書（OJAD）で、韻律読み上げチュータ「スズキクン」というツールが公開されました。これにより、この本で紹介しているような、アクセントやイントネーションを視覚的なマークで表示する方法が自動的にできるようになり、また広まりつつあります。今後、こうした日本語の発音教育がますます発展、普及していくことを願っています。

2015年 2月
著者代表　中川千恵子

先生方へ

　この本の目標は、中上級レベルの日本語学習者が、聞き手にとって「聞きやすくわかりやすい発音」、話し手にとって「発音しやすい発音」を身につけること、さらに、学習者自身が「自律的な発音学習」ができるようになることです。

　中上級レベルの日本語学習者が対象ですが、発音学習に焦点をあて効果的に練習するために、スピーチも会話も短く、文法や語彙は少しやさしめに設定しました。学習者自身がスピーチ文や会話文を作るときは、自分のレベルで作成すればよいでしょう。

1. 特長

①大単位から小単位へ

　発音練習というと、清濁やザ行・ジャ行のような単音発音が気になり、学習者の発音を矯正してみるものの、なかなかよくならず、挫折してしまうことが多いのではないでしょうか。また、単音以外についても、学習法・指導法がわからないことや時間がないということをよく聞きます。

　単音も大切ですが、「聞きやすくわかりやすい発音」のためには、意味のまとまりで「句切り」を入れることや「へ」の字型イントネーションが重要です。学習者にとっても、音声を専門としない教師や非母語話者教師にとっても、学習も指導もしやすいので、「できた！」という達成感を感じて、自信が持てるでしょう。

　このような点から、この本では、まず大単位（イントネーション）に焦点を置き、大単位から小単位へ学習を進めます。また、「自律的に続ける」ために、利用できるインターネット教材も紹介します。

②視覚的マーク表示

　この本では、イントネーション・カーブやアクセント核や特殊拍（「っ」「ん」「ー」等）のリズムをマークで表示します。マークを見ながらモデル音声を聞く練習は効果的です。

　アクセントは、日本人でもバリエーションがあるので、目安と捉えてください。また、イントネーション・カーブは機械などを使って厳密に表したものではありません。大事なことは、意味の「句切り」と声が「へ」の字に下がることです。意味の「句切り」にスラッシュ「/」を入れる「スラッシュ・リーディング」は、読解でも有効だと言われています。句切ってまとまりで意味を捉えることが、読み手であっても聞き手であっても意味理解を助ける重要なポイントとなるでしょう。

③モジュール型構成

　この本は、発音に特化するものではありません。実際の発話の中で発音練習をするようになっています。オノマトペや感動詞やあいづちといった実際の会話を生き生きとすることばについて

も扱い、楽しい活動ができるような内容にしました。

　第1章のスピーチ編は、意味の「句切り」を入れることと「へ」の字型イントネーションに焦点を置いており、後半になるにつれて多少難易度が高くなります。第2章の会話編は、アクセントやリズム練習が多くあります。第3章は、これまでの学習を応用する活動編です。第4章では、発音の知識を整理・確認し、自律学習に向け意識し続けることができるよう考えました。第4章はどの課も、5～15分程度でできるので、毎回の授業で少しずつ扱ってもいいでしょう。

　どの章のどの課から始めてもいいし、どこを取り上げてもいいようになっていますが、「始める前に」と第4章の1から4までの基本練習は、この本の大事な基本となるポイントが集約されているので、必ず学習してください。

2. 授業の進め方

　以下に授業案を挙げます。「始める前に」と第4章1から4までを必ず学習してください。90分の場合は、授業例1のスピーチと授業例2の会話を両方扱ってもいいでしょう。

授業例1　（第1章のスピーチを中心に45～50分。90分かけてもよい）

3　理想の彼・彼女		
ウォーミングアップ	早口ことばで出席をとる	5分
読んでみよう	CDを聞いて内容確認、リピーティング、シャドーイング POINTを読んで確認する（第4章11で確認してもよい）	10分
スピーチしよう	スピーチ原稿作成とチェック→練習	20分*
発表とフィードバック		15分

* 事前にスピーチ原稿作成を宿題にして、授業時チェックすると時間の節約になります。

授業例2　（第2章の会話を中心に45～50分。90分かけてもよい）

6　コスプレって何？		
ウォーミングアップ	早口ことばで出席をとる	5分
話そう	CDを聞いて内容確認、リピーティング、シャドーイング POINTを読んで確認する（第4章12と18で確認してもよい）	5～15分
練習しよう	CDを聞いて内容確認とペア練習 新しい会話作成→練習・暗記→発表	15分
リズム練習	リピーティング、オーバーラッピング	5分
もう一度話そう	「話そう」に戻って会話文を確認したり、自由に作って発表する	5～10分*

*POINTに焦点を置くか会話に焦点を置くかによって、時間配分を適宜変えられます。

目次

先生方へ 4

始める前に　マークの見方と練習の仕方 10

第1章　スピーチ上手（じょうず）になろう　　13

 1　歓迎（かんげい）！食べ歩きサークル 14

 2　日本びっくり体験（たいけん） 16

 3　理想（りそう）の彼（かれ）・彼女（かのじょ） 18

 4　桃太郎（ももたろう）アメリカ人伝説（でんせつ） 20

 5　私のストレス解消法（かいしょうほう） 22

 6　ホームカミングデーにようこそ 24

 7　手作（てづく）り料理を召（め）し上（あ）がれ 26

 8　今日ご紹介（しょうかい）する商品（しょうひん）はこちら！ 28

 9　おめでたいニュースです 30

 10　日本語コースを終（お）えて 32

 番外　ワクワク！オノマトペ劇場（げきじょう） 34

第2章　会話上手（じょうず）になろう　　35

 1　講演会（こうえんかい）、行く？ 36

 2　富士山（ふじさん）に登（のぼ）ったことあります？ 38

 3　また太っちゃった 40

 4　うんうん、で？ 42

 5　お席（せき）を替（か）わっていただけませんか 44

 6　コスプレって何？ 46

 7　やったー！ 48

8　頭はズキズキ、胸(むね)はムカムカ… ……………………………… 50

　　9　いい店じゃない？ ……………………………………………… 52

　　10　行きましょうよ！ ……………………………………………… 54

　番外　聞き上手(じょうず)はあいづち上手(じょうず) ……………………………… 56

第3章　チャレンジしよう　　　　　　　　　　　　　　　　　　57

　　1　日本の若者(わかもの)について ………………………………………… 58

　　2　バレンタインチョコレート …………………………………… 61

　　3　ペットにするなら犬と猫(ねこ)のどちら？ …………………………… 64

　　4　血液型(けつえきがた)で本当に性格(せいかく)がわかる？ …………………………… 67

　　5　結婚(けっこん)を許(ゆる)してください ……………………………………… 70

第4章　もっと発音！ ―ルールと練習―　　　　　　　　　　　75

　　1　基本(きほん)①　句切(くぎ)り ／／と「へ」の字 ……………………………… 76

　　2　基本(きほん)②　山　　　と丘(おか) ……………………………………… 77

　　3　基本(きほん)③　一拍目(いっぱくめ)が高いアクセント ……………………………… 78

　　4　基本(きほん)④　リズムに乗ってタン・タ・タン ……………………… 79

　　5　山の複合名詞(ふくごうめいし)―携帯(けいたい)＋電話⇒携帯(けいたい)電話 ………………………… 80

　　6　丘(おか)の複合名詞(ふくごうめいし)―市営(しえい)＋駐車場(ちゅうしゃじょう)⇒市営駐車場(しえいちゅうしゃじょう) ……………… 81

　　7　動詞(どうし)のアクセント(1)―食べる・食べない・食べて ……… 82

　　8　動詞(どうし)のアクセント(2)―言う・言える・言われる ……… 83

　　9　動詞(どうし)の縮約形(しゅくやくけい)・敬語(けいご)のアクセント―入っちゃった・入ってる … 84

　　10　動詞(どうし)の一語文(いちごぶん)―いた。いた？ ………………………………… 85

　　11　形容詞(けいようし)のアクセント―甘(あま)い・甘(あま)くない ……………………… 86

12 外来語のアクセントとリズム―オリンピックとパラリンピック 87
13 感動詞―えっ！まじで？ 88
14 強調―お・た・の・し・み！ 89
15 オノマトペ―サクサク・フワフワ 90
16 同音異義語のアクセント―「二時だ」じゃなくて、「虹だ」..................91
17 文末イントネーション―そうですか。そうですか？ 92
18 いろいろな音（1）―お餅屋とおもちゃ屋 93
19 いろいろな音（2）―団子と単語 94
20 いろいろな音（3）―おつかれさま 95

番外　口の体操！ 早口ことば 96

練習しよう　解答例 98
資料1　スピーチ用原稿作成用紙 100
資料2　個別学習に役立つサイトの紹介 101

始める前に

マークの見方と練習の仕方

マークの見方

この本では、下のようなマークを見ながら練習します。

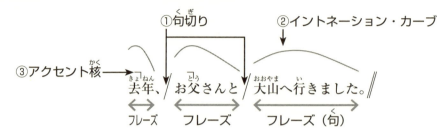

① 句切り

意味のまとまりをフレーズ（句）と言います。フレーズとフレーズの間に「句切り」を入れると、話しやすく、聞き手にわかりやすい発音になります。∥は文の切れ目です。

② イントネーション・カーブ

フレーズ（句）内で声を「へ」の字を描くように上げて下げます。文全体でも「へ」の字になります。

③ アクセント核

単語内で声が下がるところです。この本では、基本的にフレーズの最初のアクセントだけにマークを付けます。後ろのアクセントは弱くなるからです。また、感動詞については、感情や人によって様々なため、付けません。

④ フット

日本語のリズムは、1拍（ひらがな1文字・拗音の場合はひらがな2文字）か2拍の組み合わせです。この2拍のまとまりをフットと言います。

きょねん、おとうさんとおおやまへいきました。

練習方法

この本では、マークを見ながら練習します。アクセントやイントネーションなどに注意して行います。

① リピーティング

音声を聞いて、後から繰り返す練習方法です。

② シャドーイング

音声より少し遅れて発音する練習方法です。初めは、マークを見ながら行ってもいいでしょう。慣れたら、マークのイメージを忘れずに、本を見ないでやってみましょう。

③ オーバーラッピング

音声と同時に発音する練習方法です。話す速さやポーズのタイミングを練習します。

練習のステップ

ステップ1　基本のイントネーション：句切りと「へ」の字

まず、aとbの音声を聞いてください。
aとbでは、どちらが聞きやすいですか。また、わかりやすいですか。

> はじめまして、みなさん。リーと申します。祭りが大好きな中国人です。日本にはいろいろな祭りがあります。伝統的な大きい祭りもあれば、地元の小さい祭りもあります。この夏は、福岡の山笠に行きましたが、すごくおもしろかったです。早朝に男たちが町を駆け抜ける様子は、わくわくしました。地元の小さい祭りも楽しいです。夏祭りではお神輿を担がせてもらう予定です。みなさん、一緒にお神輿を担ぎましょう！

bの方が聞きやすいし、わかりやすいのではないでしょうか。aは早口で句切りがありません。一方、bは適切な位置に句切り // が入っていて、句切りと句切りの間のフレーズが「へ」の字のように声が上がって下がっています。早口が上手だと思い込んでいませんか。ゆっくり、はっきり、句切りを入れた方がわかりやすいです。内容が難しいときは、適度に句切りを入れるか入れないかが聞き手のわかりやすさを左右します。この本では、意識的に句切りを入れて読む練習をします。

まず、無理なく読める長さで、「へ」の字のように声を上げて下げます。句切り // のところで句切ります。初めは長くても15拍ぐらいまでの長さにしましょう。句切りでちょっと休むとはっきりします。

　はじめまして、／／みなさん。／／リーと申します。／／祭りが大好きな／中国人です。／／日本には／

いろいろな祭りがあります。／／伝統的な／大きい祭りもあれば、／地元の／…

ステップ1が基本です。これだけで十分話しやすく、聞き手にわかりやすい発音になります。

ステップ2　山のフレーズと丘のフレーズ

　フレーズには、アクセント核のある山型 ⌒ と、アクセント核のない丘型 ╱ があります。この「山のフレーズ」と「丘のフレーズ」に気をつけると、さらにレベルアップします。

伝統的な／大きい祭りもあれば、／地元の／小さい祭りもあります。∥

　この本では、上のようにフレーズの最初のアクセントだけにマーク ¬ が付いています。自分で原稿を書いて練習するときは、前のページのように、句切り ∥ とイントネーション・カーブだけ付ければいいでしょう。

ステップ3　拍とリズム

　ひらがなを書いて、拍を意識して発音しましょう。日本語特有の特殊拍（「っ」「ー」「ん」）が短くならないようにしましょう。また、1拍が長くなりすぎないように注意しましょう。フットを意識すると、より日本語らしく聞こえます。2拍をまとめて「タン」⌣、1拍残るものは「タ」・のように発音してみましょう。特殊拍は2拍分なので「タン」になります。

でんとうてきな／おおきいまつりもあれば、／じもとの／ちいさいまつりもあります。∥

TIPS

　アクセントが全部付いていないと落ち着かないという人は、オンライン日本語アクセント辞書（OJAD）の韻律読み上げチュータ「スズキクン」を使いましょう（☞ p.101）。自動的にマークを付けて読み上げてくれます。

第1章
スピーチ上手になろう

「第1章　スピーチ上手になろう」では
話しやすく、聞き手にわかりやすい発音を身につけます。そのために、特に、①句切り // を入れること、②句切りと句切りの間のフレーズを「へ」の字にすることに気をつけて話しましょう。

1　第1章　スピーチ上手になろう
歓迎！食べ歩きサークル

🎯 自分の趣味や好きなことについて話し、仲間になるよう呼びかける

> 「食べ歩き会」
> 　はじめまして、みなさん。「食べ歩き会」のユンです。私は、特にラーメンが好きです。私の国にもラーメンがありますが、味がまったく違います。週に2回くらいは集まって、食べに行きたいと思っています。今週はみそラーメン特集ですので、ぜひ参加してください。お腹の丈夫な人はもちろん、小食の人も歓迎します。

読んでみよう

はじめまして、／みなさん。∥「食べ歩き会」の／ユンです。∥私は、／特に／ラーメンが好きです。∥

私の国にも／ラーメンがありますが、／味がまったく違います。∥週に2回くらいは集まって、／

食べに行きたい／と思っています。∥今週は／みそラーメン特集ですので、／

ぜひ参加してください。∥お腹の丈夫な人はもちろん、／小食の人も／歓迎します。∥

💡POINT

1. 句切り／を入れる　　　　　　　　　　　　　　　　　　☞もっと発音！1
　句切りを入れると、聞き手にとってわかりやすくなります。フレーズの長さは、速く話す人とゆっくり話す人で違いますが、1フレーズ15拍くらいまでが発音しやすいです。

2. フレーズを「へ」の字にする
　句切りと句切りの間のフレーズは、「へ」の字のように発音しましょう。

今日は／来ますが、／明日は／来ません。　　今日は来ますが、／明日は来ません。

練習しよう

句切り /// を入れて、「へ」の字のように発音しましょう。 （解答例はp.98）

例) ハンバーグと / ご飯と / コーヒーをお願いします。//

① 先生がおっしゃっていた本はこれでしょうか。

② 英語で書いた論文を読まなければいけないのですが、今の私には難しすぎます。

③ 母が作った料理が一番おいしいと思いますので、いつもそのように作っています。

> **TIPS**
> 動詞「〜ます」「〜ません」などのアクセントは、以下のようになります。どんな動詞でも同じアクセントです。文末では、「へ」の字の最後になり、弱くなって目立たないので、この本ではマークを付けないことが多いです。
> 行きます　来ます　行きました　来ませんでした　行きましょう

スピーチしよう

一人サークルを作りましょう。

1. 文を書いて、漢字の上にひらがなを書きましょう。意外に大事！ 拍が基本です。
2. 句切り /// を書きましょう。フレーズの長さを決めます。
3. 「へ」の字 ⌒ を書きましょう。必要なところだけでもいいです。

アクセント核 ⌐ は付けなくていいですが、付けるなら1フレーズに1個だけにしましょう。

「　　　　　　　　　　　　サークル」

みなさん、/ こんにちは。//

　　　　　　　　　　　　　　　　　　ぜひ参加してください。//
----

2 第1章 スピーチ上手になろう
日本びっくり体験

🎯 日本と自分の国を比較し、異文化体験の出来事や感想などを話す

> 「一人上手」
> 　私の国では一人でご飯を食べに行くことはあまりありませんが、日本では一人でご飯を食べに行く人が多いです。一人でカラオケをする人もいるらしいです。集団行動が多いと言われる日本で、このような「一人上手」がいるのに驚きました。でも、今では私も、「一人上手」を楽しんでいます。

読んでみよう

私の国では／一人で／ご飯を食べに行くことは／あまりありませんが、／日本では／一人で／ご飯を食べに行く人が／多いです。／／一人で／カラオケをする人も／いるらしいです。／／

集団行動が／多いと言われる日本で、／このような／「一人上手」がいるのに／驚きました。／／

でも、／今では私も、／「一人上手」を楽しんでいます。／／

POINT　山のフレーズと丘のフレーズを区別する　　☞もっと発音！2

　「句切り」と「へ」の字がうまくできたら、次は、「山のフレーズ」（アクセント核がある）と、「丘のフレーズ」（アクセント核がない）を区別しましょう。丘のフレーズでは、助詞があっても下がりません。

　　　　　山のフレーズ：　日本では　　でも　　　丘のフレーズ：　私は　　そして

練習しよう

山のフレーズと丘のフレーズに気をつけて発音しましょう。

山のフレーズ		丘のフレーズ
頭高型 ○○○○	その他 ○○○○	○○○○
ご飯を　今では　飲んだら	一人で　日本では	私も　カラオケをする
静かな部屋　海に行く	山に登る　環境がいい	温泉に行く　健康的な生活

スピーチしよう

違うところ・同じところ・驚いたことなどについて発表しましょう。

1. 文を書いてひらがな　　2. 句切り //　　3.「へ」の字

「------------------------------------」

私の国では /

3 理想の彼・彼女

第1章 スピーチ上手になろう

🎯 理想や希望など、自分の考えを話す

> 「理想の彼」
> 　私の理想の彼は、背が高くて、やさしくて、足が長い人です。もちろん、頭がよくて、さらに、顔がよければ言うことなしです。お金はあまりなくてもいいです。それよりも、思いやりがある方がいいですね。自己チューは嫌いです。

読んでみよう

私の理想の彼は、／背が高くて、／やさしくて、／足が長い人です。∥もちろん、／頭がよくて、／さらに、／顔がよければ／言うことなしです。∥お金は／あまりなくてもいいです。∥それよりも、／思いやりがある方が／いいですね。∥自己チューは／嫌いです。∥

POINT　い形容詞のアクセントに気をつけて話す

☞もっと発音！11

い形容詞は、「○○○い」のような丘型か、「○○○い」のような山型（語末から2拍目で下がる−2型）があります。語末から3拍目で下がる−3型もありますが、少ないです（「おおい」「つまらない」など）。統計的には、形容詞全体の約90％が−2型で、日本人でも丘か山かをあまり気にしていません。ですから、形容詞は山として覚えたほうが簡単です。

　たかい　やすい　はやい　おそい

練習しよう

い形容詞のアクセントを山型で発音しましょう。

○○○＋名詞	○○く		○○くて	○○ければ
遅い電車	遅く行く	遅くなる	遅くて	遅ければ
高いカバン	高く買う	高くなる	高くて	高ければ

TIPS
「アクセント」「めがね」「ねこ」など、1拍目が高くてすぐ下がる頭高型アクセントは目立ちます。これがうまく発音できると、上手になったと感じられます。

スピーチしよう

理想の彼・彼女、ペット、お兄さん、妹などについて発表しましょう。

1. 文を書いてひらがな　　2. 句切り ／／　　3. 「へ」の字 ⌒

「理想の _____ 」

私の理想の　　　　は、／ _____

_____

_____

19

4 第1章 スピーチ上手になろう
桃太郎アメリカ人伝説

🎯 **物語や想像上の出来事を話す**

「もしも桃太郎がアメリカ人だったら」
　もしもおばあさんが川に洗濯に行かなかったら、桃はおばあさんに拾われなかったでしょう。桃はどんどん流れていって、海に出てしまったでしょう。そして、太平洋をずっと流れて、着いたところはアメリカ。お供は猿やキジでなくて、スーパーマンやスパイダーマンだったでしょう。名前も「桃太郎」ではなくて、「ピーチマン」になったかもしれませんね。

読んでみよう

もしも／おばあさんが／川に／洗濯に行かなかったら、／桃は／おばあさんに／拾われなかったでしょう。／／桃は／どんどん流れていって、／海に出てしまったでしょう。／／そして、／太平洋をずっと流れて、／着いたところはアメリカ。／／お供は／猿やキジでなくて、／スーパーマンや／スパイダーマンだったでしょう。／／名前も／「桃太郎」ではなくて、／「ピーチマン」になったかもしれませんね。／／

💡 **POINT　ポーズを入れたり、スピードを変えたりして、効果的に話す**
　聞く人に物語の内容がよくわかるように話すには、「、」や「。」のところで、少し長いポーズを入れる（休止する）ことが重要です。また、注目を集めたり、理解しやすくするためには、ゆっくり話すところを入れたり、普通のスピーチより句切りを多く入れたりすると効果的です。

TIPS みなさんは、桃太郎の話を知っていますか。ある日、おばあさんが川に行ったら、大きな桃が流れてきて、おばあさんがそれを拾うと、中から桃太郎が生まれたという話です。大人になった桃太郎は、猿やキジなどを連れて、鬼退治に行きました。

練習しよう

1. まず、聞いてみましょう。ポーズやスピードについて考えましょう。

昔々あるところに、おじいさんとおばあさんが住んでいました。ある日、いつものように、おじいさんは山へ柴刈りに、おばあさんは川へ洗濯に行きました。おばあさんが洗濯をしていると、川上のほうから、大きな桃が流れてきました。

2. ポーズを入れたり、スピードを変えたりして練習しましょう。

スピーチしよう

昔話の内容をおもしろく変えたり、自分の別の人生を想像したりしましょう。

1. 文を書いてひらがな　　2. 句切り　//　　3. 「へ」の字　⌒

「もしも _____ たら」

もしも／_____ たら、／_____ たでしょう。//

_____

_____

21

5 私のストレス解消法

第1章 スピーチ上手になろう

🎯 自分のストレス解消法を話す

「私のストレス解消法:バンジージャンプ」
　毎日の生活でヘトヘトで、イライラしていませんか。そんな人にお勧めなのがバンジージャンプです。最初は、本当に怖いです。でも、その恐怖に打ち勝って飛んだら、すっきりさわやか、いつもと違う自分になれること請け合いです。あ、私の場合、飛ぶ前に叫ぶんです。「よっしゃー」とか。大声を出すのもいいのかなあ。

読んでみよう

毎日の生活で / ヘトヘトで、 / イライラしていませんか。// そんな人にお勧めなのが / バンジージャンプです。// 最初は、 / 本当に怖いです。// でも、 / その恐怖に / 打ち勝って飛んだら、 / すっきりさわやか、 / いつもと違う自分になれること / 請け合いです。// あ、 / 私の場合、 / 飛ぶ前に / 叫ぶんです。//「よっしゃー」とか。// 大声を出すのも / いいのかなあ。//

💡 POINT　オノマトペのアクセントに気をつけて話す

☞ もっと発音!15

「イライラ」「ドキドキ」などのオノマトペを使うと、生き生きとした表現ができます。オノマトペは、頭高型ですが、「イライラはよくない」など、名詞になる場合は平板型になります。

フラフラする　　フラフラになる

練習しよう

オノマトペのアクセントに気をつけて発音しましょう。

ムカムカ	あいつ、/ ムカつくんだよね。// 思い出すだけで / ムカムカしてきた。//
クヨクヨ	彼女にふられたからって、/ そんなに / クヨクヨしないで。//
ハラハラ	空中ブランコって、/ 見てて / ハラハラして、/ ほんと / 心臓に悪いよ。//
うんざり	毎日 / カレーばかりじゃ、/ いくら好きでも、/ もう、/ うんざり！/
のんびり	毎日 / 勉強で大変。// たまには / のんびり / 温泉にでも / 行きたいなあ。//
ほっと	財布を落として / 心配してたんだけど、/ 見つかって / ほっとしたよ。//

TIPS

「よっしゃー」のような感動詞も表現を豊かにしますが、使い方を間違えると印象が変わるので注意しましょう。声の大きさによっても印象が変わります。いろいろな声を出してみてもおもしろいですね。発音練習にいろいろな例があるので、練習してみましょう。

スピーチしよう

ストレスがたまったとき、どんなことをするかについて発表しましょう。

1. 文を書いてひらがな　　2. 句切り //　　3. 「へ」の字

「私のストレス解消法：＿＿＿＿＿＿＿＿＿＿＿＿＿＿＿＿」

第1章 スピーチ上手になろう
ホームカミングデーにようこそ

🎯 ガイドとして案内したり、見学の際の注意点を話す

「学内ツアー：先輩方をご案内」
　本日は、ホームカミングデーにようこそ。学内ツアーを計画しましたので、ぜひご参加ください。まず、懐かしい時計台をご覧ください。次に、一番新しい校舎と図書館にご案内いたします。図書館ではお静かにお願いいたします。あ、睡眠学習中の人もいるかもしれませんから、起こさないようにしてくださいね。さて、工事中の場所もありますので、お足下にお気をつけください。では、参りましょう。

読んでみよう

本日は、／ホームカミングデーに／ようこそ。／／学内ツアーを計画しましたので、／ぜひ／ご参加ください。／／まず、／懐かしい時計台をご覧ください。／／次に、／一番新しい校舎と／図書館に／ご案内いたします。／／図書館では／お静かにお願いいたします。／／あ、／睡眠学習中の人も／いるかもしれませんから、／起こさないようにしてくださいね。／／さて、／工事中の場所もありますので、／お足下に／お気をつけください。／／では、／参りましょう。／／

POINT 敬語のアクセントに気をつける

　「ご」や「お」が付くと、元の語のアクセントと変わることがあるので、注意が必要です。例えば、「用意（ようい）」は「ご用意（ごようい）」でそのままのアクセントですが、「案内（あんない）」は「ご案内」（丘）に、「静か（しずか）」は「お静かに」（丘）になります。

練習しよう

敬語に気をつけて発音しましょう。

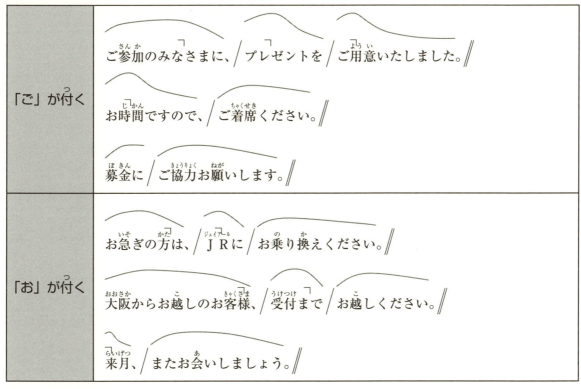

「ご」が付く	ご参加のみなさまに、／「プレゼントを／「ご用意いたしました。／／ お時間ですので、／ご着席ください。／／ 募金に／ご協力お願いします。／／
「お」が付く	お急ぎの方は、／JRに／お乗り換えください。／／ 大阪からお越しのお客様、／受付まで／お越しください。／／ 来月、／またお会いしましょう。／／

> **TIPS** 敬語はなめらかに言えば、うまく伝わるというわけではありません。早口で聞き取れなかったり、気持ちが込められていない言い方では伝わりません。相手に誠意が伝わるように、はっきりと発音したり、柔らかく発音したりしてみましょう。

スピーチしよう

ガイドになってみましょう。

1. 文を書いてひらがな　　2. 句切り ／／　　3.「へ」の字 ⌒

「_____」

みなさま、／こんにちは。／／

----

7 手作り料理を召し上がれ

第1章 スピーチ上手になろう

🎯 自分の得意な料理の作り方や特徴などを説明する

「カキの春巻きと柿のサラダの作り方」
　今日は、カキの春巻きと柿のサラダを作りましょう。まず、材料のカキとニラをさっとゆで、春巻きの皮に2、3個ずつ巻いて揚げるだけ。外はパリッと中はプリプリジューシー。もうたまりませんねえ！柿のサラダも簡単で、柿を食べやすく薄く切って、水菜を3、4センチに切って、はちみつとオリーブオイルと酢と塩とあらく切ったゴマを混ぜるだけです。

読んでみよう

今日は、／「カキの春巻きと／「柿のサラダを作りましょう。／／まず、／材料の／「カキと／ニラを／さっとゆで、／春巻きの皮に／2、3個ずつ巻いて／揚げるだけ。／／外は／パリッと／中は／プリプリジューシー。／／もう／たまりませんねえ！／／柿のサラダも簡単で、／柿を食べやすく／薄く切って、／水菜を／3、4センチに切って、／はちみつと／オリーブオイルと／酢と／塩と／あらく切ったゴマを／混ぜるだけです。／／

POINT 同音異義語のアクセントに気をつける
☞もっと発音！16

「はし（箸）」と「はし（橋）」のように、表記は同じでも、アクセントが異なる語がたくさんあります。

かき（柿）　かき（牡蠣）　さとう（砂糖）　さとう（佐藤）

練習しよう

アクセントに気をつけて発音しましょう。

「この箸を使う」　　　　　　　　　「この橋を使う」

「飴が降ってきたら／いいなあ」　　「雨が降ってきたら／いいなあ」

「佐藤さん／バイト」　　　　　　　「砂糖／3杯と」

「葉が落ちた」　　　　　　　　　　「歯が落ちた」

「花を折る」　　　　　　　　　　　「鼻を折る」

スピーチしよう

料理の作り方をおいしそうに説明しましょう。インスタントラーメンの作り方でもかまいません。

1. 文を書いてひらがな　　2. 句切り ∥　　3.「へ」の字

「　　　　　　　　　　の作り方」

今日は、／　　　　　　の／作り方の説明をします。∥

　　　　　　　　　　　　　　　　　ぜひ、／作ってみてください。∥

27

8 第1章 スピーチ上手になろう
今日ご紹介する商品はこちら！

◎ 商品の特徴や使い方などを紹介する

「テレフォン・ショッピング：呼吸法ダイエットDVD」
　今日ご紹介するDVDは、呼吸法ダイエットです。簡単で効果的なダイエット方法です。私の場合、1か月に5キロもやせました。やり方を少しだけご紹介しますね。まず、鼻から息を吸ってください。それから2倍ぐらいかけて口から息を吐いてください。吸って吐いて、吸って吐いて…1か月で確実に体が変わってくるはずです！詳しくは、このDVDを買って、ご覧ください。お電話お待ちしています！

読んでみよう

今日／ご紹介するDVDは、／呼吸法ダイエットです。／簡単で／効果的なダイエット方法です。／

私の場合、／1か月に／5キロもやせました。／やり方を／少しだけ／ご紹介しますね。／

まず、／鼻から／息を吸ってください。／それから／2倍ぐらいかけて／口から／

息を吐いてください。／吸って／吐いて、／吸って／吐いて…／1か月で／確実に／

体が変わってくるはずです！／詳しくは、／このDVDを買って、／ご覧ください。／

お電話／お待ちしています！

POINT アピールしたいところを強調する

☞もっと発音！14

大切なところや、アピールしたいところを強調して発音しましょう。強調したいところの前では、必ず句切りを入れましょう。強調する方法は、①高く発音する、②ゆっくり発音する、③促音や長音を入れる、④一音ずつ句切って言うなどがあります。

練習しよう

下線部を強調して発音しましょう。

① 1か月に、／10キロもやせたんです！／／（高く）

② オーストラリアじゃなくて、／オーストリアですよ。（ゆっくり）

③ 使い方は／とっても簡単！／／（促音）

この洗剤を使うと、／こーんなにきれいになります！（長音）

④ それは言えませんよ。／／秘密です。／／ひ・み・つ！／／（一音ずつ）

スピーチしよう

テレフォン・ショッピングをしてみましょう。

1. 文を書いてひらがな　　2. 句切り／／　　3. 「へ」の字

「　　　　　　　　　　　　　　」

第1章 スピーチ上手になろう
おめでたいニュースです

🎯 ニュースを聞き手にわかりやすいように読み上げる

「ニュース：猫の一家に女児誕生」
　次は、おめでたいニュースです。新宿区歌舞伎町に住む猫の一家に、また1匹家族が増えました。このニュースは、今朝、登校途中のジョンさんから寄せられたものです。この一家は子沢山で有名で、現在までに4匹のお子さんがいらっしゃるということです。美人で有名なジェシカさんを始めとして、太郎君、次郎君、玉三郎君とイケメン揃いの男子ばかり続きましたが、今回待望の女児誕生です。なお、関係筋によると、父親は黒猫のトム君であるという説が有力です。

読んでみよう

次は、／おめでたいニュースです。／／新宿区歌舞伎町に住む／猫の一家に、／また1匹／家族が増えました。／／このニュースは、／今朝、／登校途中のジョンさんから／寄せられたものです。／／この一家は／子沢山で有名で、／現在までに／4匹のお子さんがいらっしゃる／ということです。／／美人で有名な／ジェシカさんを始めとして、／太郎君、／次郎君、／玉三郎君と／イケメン揃いの／男子ばかり続きましたが、／今回／待望の女児誕生です。／／なお、／関係筋によると、／父親は／黒猫の／トム君である／という説が有力です。／／

POINT 複合名詞のアクセントに気をつける　　　☞もっと発音！5,6

「新宿区」「登校途中」「子沢山」「イケメン揃い」「女児誕生」「関係筋」のように、名詞１＋名詞２の複合名詞は、山１つのフレーズになります。また、少ないですが、「歌舞伎町」や「黒猫」のように、丘型になる場合もあります。山の場合、名詞１が丘型になり、名詞２の１拍目にアクセントが来ることが多く、「女児誕生」のように名詞１のアクセントが残るのは少ないです。

練習しよう

住所を言ってみましょう。

A：住所を言ってください。

B：「はい。／東京都／新宿区／早稲田町／１－１－１、／山田ビル／１０１号室です。／

スピーチしよう

普段の出来事をニュース風に言ってみましょう。クラスの出来事や自分の身の周りのことなどについて、ユーモアあふれる報告ができると楽しいですね。

1. 文を書いてひらがな　　2. 句切り　／／　　3. 「へ」の字

次は、「　　　　　　　　　　　　　　」です。

第1章 スピーチ上手になろう

日本語コースを終えて

🎯 感謝の気持ちを込めてお礼を言う

「日本語コースを終えて」
　今日は、私たちのために送別会を開いていただき、どうもありがとうございます。先生方のおかげで、楽しく日本語を学ぶことができました。特に発音クラスは勉強になりました。今では、「ここ座ってください」を「ここ触ってください」と言って驚かれたり、「あなたはきれい」を「あなたは嫌い」と言って怒らせたりしなくなりました。言いたいことが正しく伝えられるようになったのは、発音クラスのおかげです。本当にどうもありがとうございました。

読んでみよう

今日は、/ 私たちのために / 送別会を開いていただき、/ どうも / ありがとうございます。//

先生方のおかげで、/ 楽しく / 日本語を学ぶことができました。// 特に / 発音クラスは / 勉強になりました。// 今では、/ 「ここ座ってください」を / 「ここ触ってください」と言って / 驚かれたり、/ 「あなたはきれい」を / 「あなたは嫌い」と言って / 怒らせたりしなくなりました。//

言いたいことが / 正しく伝えられるようになったのは、/ 発音クラスのおかげです。// 本当に / どうも / ありがとうございました。//

POINT 母音の発音と母音の無声化

☞もっと発音！18

口の開け方で、「あ」が「お」に、「え」が「い」に聞こえたり、その逆に聞こえたりします。母音が違うと、違う意味の言葉になるので気をつけましょう。

例) かわいい kawaii ―こわい kowai　　きらい kirai ―きれい kirei

また母音 "i" や "u" は、"k,s,t,f,p" などの子音に挟まれたり、語末に来たりすると、消えたり、弱くなったりすることがあります。これを母音の無声化と言います。

例) そうべつかい soobetskai　　～ます mas　　～ました mashta

練習しよう

感謝の気持ちを込めて発音しましょう。

① 感謝の気持ちで／いっぱいです。／／本当に／ありがとうございました。／／

② 何と／お礼を申し上げればよいのか…／お礼のことばも／ございません。／／

③ 心より、／お礼申し上げます。／／

TIPS

部屋の後ろの方にいる人にまで声が届くように、大きな声で、ゆっくりと、丁寧に話しましょう。聞いている人とアイコンタクトをとることも大切です。十分に練習をして、自信を持って発表しましょう。何よりも大切なのは「伝えたい」という気持ちを持って話すことです。

スピーチしよう

お礼のスピーチを考えましょう。

1. 文を書いてひらがな　　2. 句切り／／　　3.「へ」の字

「_____」

ワクワク！オノマトペ劇場

〈25歳ＯＬ：駅の階段で〉

ったく、もうちょっとサッサと歩いてよ。前の人！ノソノソ歩かないでくれる？もうギリギリなんだから…ああ、もう間に合わない！

ったく、／もうちょっと／サッサと歩いてよ。／前の人！／ノソノソ歩かないでくれる？／
もう／ギリギリなんだから…／ああ、／もう／間に合わない！／

〈女子大生：教室で〉

ウフ、なんだかワクワクする。今日のデート楽しみ！授業、早く終わらないかなあ。なんか先生いつもよりノロノロしているみたい。やだ雨降ってきた。ザーザー降りじゃない！どうしよう！傘持ってない！

ウフ、／なんだか／ワクワクする。／今日のデート／楽しみ！／授業、／早く終わらないかなあ。／
なんか先生／いつもより／ノロノロしてるみたい。／やだ／雨降ってきた。／
ザーザー降りじゃない！／どうしよう！／傘／持ってない！／

〈中年男性：映画館から出てきて〉

いやあ、面白かった！久しぶりに胸がキューンとしたなあ。しかし、隣の子はワンワンよく泣いてたな。そりゃ、ゲラゲラ笑うような映画じゃないけど…。

いやあ、／面白かった！／久しぶりに／胸が／キューンとしたなあ。／しかし、／隣の子は／
ワンワン／よく泣いてたな。／そりゃ、／ゲラゲラ笑うような映画じゃないけど…。／

第2章
会話上手になろう

「第2章 会話上手になろう」では
自然な会話ができるようになるための発音を身につけます。そのために、特に、アクセントやイントネーションに気をつけて話しましょう。また、リズム練習をして、テンポよく話せるようになりましょう。

1 講演会、行く？

第2章 会話上手になろう

🎯 友達を誘う

話そう まず聞きましょう。どんなところに気をつけたらいいですか。

太郎：明日の講演会、行く？

マイ：行かない。バイトがあるし、遠いから。行くの？

太郎：うーん…どうしようかな…。

マイ：行かないなら、一緒にご飯食べようよ。

POINT 動詞（辞書形・ない形・意向形）のアクセントに気をつけて話す

丘 ○○○	行く	行かない	行こう	呼ぶ 聞く 言う 寝る 遊ぶ
山 ○○○	食べる	食べない	食べよう	読む 見る 歩く 走る 起きる
山 ○○○	帰る	帰らない	帰ろう	入る 通る 返す

「食べる」のように、アクセント核が後ろから2拍目にあるものを「ー2型」と言います。「帰る」のように後ろから3拍目にあるものを「ー3型」と言います。

☞もっと発音！7

練習しよう　下線部を入れかえて、ペア練習をしましょう。

① (A-30)

太郎：明日、行く？

マイ：行かない。来週試験だし、時間ないから。

①週末　遊ぶ　時間がない　デートだ
②テニス　する　ラケットがない　下手だ
③自由に作ろう

② (A-31)

太郎：明日、来る？

マイ：来ない。約束があるし、面倒だから。

①駅まで　歩く　疲れた　お腹が空いた
②もう　帰る　まだ仕事がある　寄るところがある
③自由に作ろう

③ (A-32)

太郎：やっぱり、行かない。

マイ：行かないなら、遊びに行こうよ。

①参加する　授業に出る
②これ、やる　あれ、やる
③自由に作ろう

④ (A-33)

太郎：やっぱり、できない。

マイ：できないなら、あきらめようよ。

①帰る　遊ぶ
②マラソン、走る　応援する
③自由に作ろう

もう一度 話そう にもどって会話してみよう！

2 第2章 会話上手になろう
富士山に登ったことあります？

🎯 経験について話す

話そう まず聞きましょう。どんなところに気をつけたらいいですか。

太郎：富士山に登ったこと/あります？

ミン：いえ、/ありません。

太郎：じゃ、/ぜひ/登ってみてください。//登らなかったら、/後で/後悔しますよ。

ミン：そうですか。//そんなに素晴らしいんですか。

POINT 動詞（〜た・〜なかった）のアクセントに気をつけて話す

丘 ○○○	行った	行ったら	行かなかったら	聞く 呼ぶ 遊ぶ 言う 寝る
山 ○○○	食べた	食べたら	食べなかったら	読む 見る 歩く 走る 起きる
山 ○○○	帰った	帰ったら	帰らなかったら	入る 通る 返す

☞もっと発音！7, 8

TIPS
「か」がなくても上昇調で言うだけで疑問文になります。また、通常は -mas のように u が聞こえませんが（母音の無声化）、「〜ます？」では -masu? のように u が聞こえるように発音しましょう。

練習しよう　下線部を入れかえて、ペア練習をしましょう。

①

マリア：ライブ、行ったことある？

ジョン：あるよ。すごく興奮したよ。

① 浅草　行く　楽しい
② このゲーム　する　おもしろい
③ 自由に作ろう

②

ジョン：納豆、食べたことある？

マリア：あるよ。すごく おいしかったよ。

① あの映画　見る　おもしろい
② この本　読む　つまらない
③ 自由に作ろう

③

ジョン：マリアさんも、行ってみて。

マリア：ふうん、そんなによかったの。

ジョン：行かなかったら、損するよ。

① 買う　② 聞く　③ 自由に作ろう

④

マリア：ジョンさんも、食べてみて。

ジョン：ふうん、そんなによかったの。

マリア：食べなかったら、損するよ。

① 読む　② 見る　③ 自由に作ろう

リズム練習　リピーティング、オーバーラッピングをしましょう。

タン タン タン	ねてください	いてください　してください　きてください（着て）
タン タ タン タン	いってください	かってください　きいてください
		よんでください（呼んで）
タン タン タン タン	わすれてください	ささえてください　まとめてください
タ タン タ タン タン	すわってください	あそんでください　おどってください

 もう一度 話そう にもどって会話してみよう！

3 また太っちゃった

第2章　会話上手になろう

🎯 失敗談を話したり、アドバイスをしたりする

話そう　まず聞きましょう。どんなところに気をつけたらいいですか。

マリア：あーあ、／また太っちゃった。／／ダイエットしなきゃ。／／

阿部：そう？／／

マリア：そうだ！／／ケーキ屋できたの／知ってる？／／ちょっと／見てかない？／／

阿部：ええー！／／やめといたほうが／いいんじゃない？／／

POINT

1. 縮約形（～ちゃった／じゃった・～なきゃ）を使って話す

☞もっと発音！9

会話では、「～てしまう／でしまう」が、「～ちゃう／じゃう」に変化することがあります。
　例）見てしまう／見てしまった→見ちゃう／見ちゃった
　　　飲んでしまう／飲んでしまった→飲んじゃう／飲んじゃった

「～しなければなりません」は、会話では、「～なきゃ（なんない）」に変化することがあります。
　例）帰らなければなりません→帰らなきゃ（なんない）

2. 音の脱落（～てる・～とく）を使って話す

会話では、「～ていく」「～ていかない」「～ている」などの「い」の音がなくなることがあります。
　例）食べていく→食べてく　食べていかない→食べてかない　食べている→食べてる

会話では、「～ておく(-teoku)」「～ておかない(-teokanai)」が、「～とく(-toku)」「～とかない(-tokanai)」に変化することがあります。
　例）やめておく→やめとく　やめておいたら→やめといたら

練習しよう　下線部を入れかえて、ペア練習をしましょう。

① Ⓐ42

阿部：あ！宿題、忘れちゃった！

マリア：じゃあ、取りに帰らなきゃ。

①電車　行く　もう10分待つ　　②ガム　踏む　早く取る　　③自由に作ろう

② Ⓐ43

阿部：そこに、靴屋できたの知ってる？ちょっと見てかない？

マリア：うーん、明日、試験だから、やめとく。

①ジム　のぞく　　②ラーメン屋　寄る　　③自由に作ろう

TIPS
音の脱落には、次のようなものもあります。
わたくし（watakushi）→わたし（watashi）→あたし（atashi）→あたい（atai）
音が少なくなるほどカジュアルになります。「あたし」「あたい」は女の人が使います。

リズム練習　リピーティング、オーバーラッピングをしましょう。

タン　タン　タ　　たべちゃった　のんじゃった　いっちゃった　やっちゃった Ⓐ44

タ　タン　タ　　みちゃった　きちゃった　しちゃった

チャレンジ！　やっちゃったこと、わすれちゃったっていっちゃったら、おこられちゃった Ⓐ45
　　　　　　それ、みちゃったこときいちゃって、ぜんぶみんなにいっちゃった

もう一度 **話そう** にもどって会話してみよう！

4 うんうん、で？

第2章　会話上手になろう

🎯 相手の話を聞いていることを示す

話そう　まず聞きましょう。どんなところに気をつけたらいいですか。

🎧 A 46

ジョン：ねえ、/ 聞いてよ。// （え？）　昨日さ、/ （うん）　正門のところでさ、/

（ん？）　いたんだよ。// （へえ、/ だれが？）// A・K・B！//

（うんうんうんうん、/ で？）　いや、/ それだけなんだけど。// （ん？）　見ただけ…。//

レイ：えー、/ 私だったら、/ サインもらうのに。//

💡 **POINT**　**あいづちを打ちながら相手の話を聞く**

　あいづちは、いろいろな種類があります。「聞いていますよ」というサインであったり、「一緒に会話を進めましょう」ということを示したりするためです。相手の話し方に合わせて、リズムよく入れましょう。あいづちは、ふつう句読点や意味的な句切りで入れます。

よく聞いてくださいね。// ここを押すと、/ 電源が入ります。

よく聞いてくださいね。// （はい）ここを押すと、/ （ええ）電源が入ります。（はあ）

🎧 A 47

〈カジュアルなあいづち〉うん、そう、ふうん、へえ、ああ、え？、ん？
　〈丁寧なあいづち〉はい、ええ、はあ

練習しよう　あいづちを入れてみましょう。

①

キム：この間、一緒に行ったじゃない？ 駅の近くのレストラン。おいしかったから、昨日また行ったんだ。そしたら、新しいメニューがあって、頼んでみたんだけど、それが、なんか、消しゴム食べてるみたいで。腹立ったから店を出ようとしたら、すべって転んでけがしちゃったんだ。踏んだり蹴ったりだったよー。

②

上司：この間のプレゼンなんだけど、あれよかったんだけどさ、なんかもう一つ足りなかったね、インパクトが。それに、3枚目のスライド、もうちょっとどうにかならないかなあ。カラフルにすればいいってもんじゃないし。ま、考え直しってことで。

（解答例はp.99）①： ②：

TIPS
あいづちは頻繁に入れます。特に相手の顔が見えない電話では、あいづちを何度も入れないと、話し手は聞き手が聞いていないようで落ち着きません。あいづちを入れて、話し手に安心感を与えましょう。

リズム練習　リピーティング、オーバーラッピングをしましょう。

「うん」や「そう」「はい」などは、重ねて言うこともあります。

```
タン　タン タン　タン タン タン　タン タン タン タン…
うん　うん うん　うん うん うん　うん うん うん うん…
そう　そう そう　そう そう そう　そう そう そう そう…
はい　はい はい　はい はい はい　はい はい はい はい…
```

もう一度 **話そう** にもどって会話してみよう！

5　第2章　会話上手になろう
お席を替わっていただけませんか

🎯 丁寧に客と接する

話そう　まず聞きましょう。どんなところに気をつけたらいいですか。

（バスの中で）

添乗員：お客様、／申し訳ございませんが、／お席を／替わっていただけませんか。

客：え？／この席で／間違ってないと思うんですけど…。

添乗員：それが、／他のお客様が／ご気分を悪くされまして、／窓側のお席の方が／よろしいかと。

客：あ、／そうですか。／ええ、／いいですよ。

POINT　敬語のイントネーションに気をつけて話す　　　☞もっと発音！9

　接客の仕事では、敬語を多く使用します。丁寧に、はっきりと、わかりやすく、気持ちを込めて話しましょう。表現が正しいかどうかや発音だけの問題ではありません。伝えようとする気持ちが大切です。ゆっくり話した方が丁寧に聞こえることも多いです。特に文末のイントネーションに注意してください。例のように発音しましょう。強く発音すると、命令しているように聞こえるので気をつけましょう。また、敬語を言うときは、ことばをはっきりと発音します。「すいません」ではなく、「すみません」と発音しましょう。

例）　お席を替わっていただけませんか

　　　こちらをお使いくださいませんか

練習しよう　下線部を入れかえて、ペア練習をしましょう。

① 🅐55

店員：お客様、申し訳ございませんが、満席ですので、少し待っていただけませんか。

客：ええ、いいですよ。（はい、わかりました。）

---
① こちらは禁煙ルームですので　あちらの部屋で吸う
② 清掃中ですので　あちらのお手洗いを使う
③ 自由に作ろう

---

② 🅐56

ホテルの従業員：それが、バスが故障しまして、電車でいらっしゃる方がよろしいかと。

客：ああ、そうなんですか。

---
① 飛行機が遅れておりまして　1時間ほどこちらでお待ちいただく
② 午後から雨になるそうで　午前中に観光なさる
③ 自由に作ろう

TIPS
敬語を言うときは、縮約形は使わない方が丁寧です。客と接するときは、「お先にいただいちゃいます」ではなく、「お先にいただいてしまいます」と言いましょう。

- ✕ いただいときます　　〇 いただいておきます
- ✕ いただいてきます　　〇 いただいていきます

もう一度 **話そう** にもどって会話してみよう！

第2章 会話上手になろう

コスプレって何？

◎ 外来語や短縮語の意味を聞いたり説明したりする

話そう まず聞きましょう。どんなところに気をつけたらいいですか。

A 57

レイ：コスプレのイベント、一緒に行ってみない？

エリー：コスプレって何？

レイ：コスチューム・プレイのことだよ。アニソン歌ったり、

コスプレでコラボしたりして楽しいよ。

エリー：うーん、せっかくだけど、就活あるから…ごめん…。

POINT

1. 短縮語を使って話す

長い言葉を短くすることがあります。4拍にすることが多いですが、3拍になることもあります。丘のアクセント（平板型）になることが多いです。

例） 4拍　パソコン（パーソナルコンピュータ）　就活（就職活動）　東大（東京大学）
　　　　　アニソン（アニメソング）
　　　3拍　ブラピ（ブラッド・ピット）　スノボ（スノーボード）　秋葉（秋葉原）
　　　　　マック（マクドナルド）　コラボ（コラボレーション）

2. 外来語のリズムに気をつけて話す

☞もっと発音！12

外来語の発音は日本語の拍やリズムを意識して発音しましょう。

例）Disneyland → ディ・ズ・ニ・ー・ラ・ン・ド（7拍）

練習しよう　下線部を入れかえて、ペア練習をしましょう。

①

レイ：就活って　何？

エリー：就職活動のことだよ。

レイ：へえ、そうなんだ。

①断トツ　断然トップ　②カーナビ　カーナビゲーション　③自由に作ろう

②

レイ：合コン、参加してみない？

エリー：うーん、せっかくだけど、追試があるから…ごめん…。

①デパ地下（デパートの地下）　行く　婚活（結婚活動）がある
②筋トレ（筋力トレーニング）　やる　連ドラ（連続ドラマ）を見る　③自由に作ろう

リズム練習　リピーティング、オーバーラッピングをしましょう。

タ タン タ	オランダ	フランス　クレーム　ステーキ　オレンジ　リサーチ　チケット
タン タン タ	マヨネーズ	ハンバーグ　コンサート　サスペンス　フィーリング
タン タ タン タ	エキゾチック	ドラマチック　ドンキホーテ　シュークリーム　コンクリート
タ タン タン タ	ロマンチック	クリーニング　スノーボード　スクーリング

もう一度　話そう　にもどって会話してみよう！

7 やったー！

第2章　会話上手になろう

🎯 感情を表す

話そう　まず聞きましょう。どんなところに気をつけたらいいですか。

A 61

ティム：やったー！

リタ：おっ、何か／いいこと／あったの？

ティム：田中さんに／デートに誘われたんだ。

リタ：いいなあ。／私なんて、／いやなことばっかりだよ。

あーあ、／もう／やだ！

💡 **POINT　感動詞を使って話す**　☞もっと発音！13

話し手の感動や、呼びかけ、応答などを表す言葉を「感動詞」といいます。感動詞を効果的に使って話すことで、感情を表すことができます。感動詞の種類には、次のようなものがあります。

〈ポジティブな感動詞〉　やったー、よっしゃ、わーい、うわー
〈ネガティブな感動詞〉　あーあ、やれやれ、げっ、もう
〈驚きを表す感動詞〉　えっ、わっ、へー、あら
〈その他〉　ほら、ちょっと、ふーん、よいしょ

練習しよう　下線部を入れかえて、ペア練習をしましょう。

① A63

リー：わーい！

ティム：おっ、どうしたの？

リー：実はさ、宝くじが当たったんだ。

② A64

エリー：わーい！

リタ：あら、どうしたの？

エリー：実はね、宝くじが当たったの。

①試験に合格した　②明日から夏休み　③自由に作ろう

③ A65

リー：あーあ。

ティム：おい、大丈夫か？

リー：うーん、彼女にふられちゃってさ。

④ A66

エリー：あーあ。

リタ：ねえ、大丈夫？

エリー：うーん、彼にふられちゃって。

①財布を落とした　②携帯が壊れた　③自由に作ろう

TIPS

い形容詞を感動詞と同じように使うことができます。例えば、外に出て、あまりの寒さにびっくりして「さむっ！（寒い）」と言うことがあります。

例）熱い→あつっ！
　　痛い→いたっ！
　　怖い→こわっ！

もう一度 **話そう** にもどって会話してみよう！

8 頭はズキズキ、胸はムカムカ…

第2章 会話上手になろう

体調を伝える

話そう まず聞きましょう。どんなところに気をつけたらいいですか。

A 67

デイビッド：顔色悪いよ、/どうしたの？//

ミン：頭は/ズキズキするし、/胸は/ムカムカするし、/お腹も/チクチク痛いんだ…。//

デイビッド：それは大変！//病院、/行った方がいいよ。//

ミン：うん…。//フラフラするから、/連れてって。//

デイビッド：えーっ！//

POINT 痛みや体の症状を表すオノマトペを使う

もっと発音！15

病気やけがをしたとき、痛みや症状をオノマトペを使って表現すると、どんなふうに痛いかなど様子がよく伝わります。多くの場合、頭高型アクセントになります。

頭：ガンガン、ズキズキ　お腹：シクシク、チクチク　歯：ズキズキ

喉：イガイガ　目：ショボショボ　胸：ムカムカ　体：フラフラ

練習しよう 下線部を入れかえて、ペア練習をしましょう。

68

デイビッド：どうしたの？

ミン：胸が ムカムカする…。

デイビッド：何か 悪いもの、食べたんじゃない？

① 喉がイガイガ　風邪、引いた　　② お腹がシクシク　冷たいもの、飲みすぎた
③ 目がショボショボ　ゲーム、しすぎた　　④ 歯がズキズキ　虫歯になった
⑤ 頭がガンガン　お酒、飲みすぎた　　⑥ 自由に作ろう

TIPS
「〜ていって」「〜ていて」の「い」は会話では脱落することが多いです。アクセントも変わります。
例) 連れていって→連れてって　待っていて→待ってて

リズム練習 リピーティング、オーバーラッピングをしましょう。

タン　タ　　　みてて　きてて（来てて）してて　ねてて　　　　　69

タン　タン　　まってて　たってて　のんでて　かいてて　いってて　やってて

タン　タン　タ　もってって　とってって　きいてって　やってって　つれてって

チャレンジ！　タン　タン　タン　タン　タン　タン　タ　　
70

ムカムカするからつれてって

フラフラするからつれてって　ショボショボするからつれてって

ガンガンするからつれてって　イガイガするからつれてって

もう一度 **話そう** にもどって会話してみよう！

第2章 会話上手になろう

いい店じゃない？

🎯 自分の考えを相手に伝える

話そう まず聞きましょう。どんなところに気をつけたらいいですか。

後輩：先輩、／今度の飲み会の店、／どうしましょうか。∥

先輩：そうねえ、／「キャッツ」は／どう？∥あそこ、／いい店じゃない？∥

後輩：そうですか？∥あそこは／料理も少ないし、／高いですよ。∥

先輩：えーっ、／雰囲気もいいし、／すてきな店じゃない！∥

POINT

1.「～じゃない」のイントネーションに気をつける

☞もっと発音！17

① いい店じゃない？　＝「いい店だと思いませんか」〈同意求め〉

② いい店じゃない。　＝「いい店ではありません」〈否定〉

③ いい店じゃない！　＝「いい店ですよ！」〈意見の強調〉

2.「そうですか」のイントネーションに気をつける

①「あ、そうですか。わかりました。」〈了解〉

②「え、そうですか？本当かなあ。」〈疑い〉

③「あ、そうですか。よかった！」〈喜び・驚き〉

練習しよう 下線部を入れかえて、ペア練習をしましょう。

① (A 74)

デイビッド：あいつ、かわいくない？

ティム：ううん、かわいくない。

デイビッド：えー!? かわいいよ！

①これ おいしい　②あの店 高い
③自由に作ろう

② (A 75)

エリー：彼、すてきじゃない？

リタ：ううん、すてきじゃない。

エリー：えー!? すてきじゃない！

①あの人 まじめ　②この色 きれい
③自由に作ろう

③ (A 76)

先輩：今日、雨が降るらしいよ。

後輩：そうですか？ こんなに いい天気ですよ。

①彼 お金持ち いつも 同じ服を着ている　②小林さん 風邪で休み さっき 見かけた
③自由に作ろう

TIPS

若者がよく使うイントネーションに、平坦上昇調があります。相手に与える印象が違います。若者自身も場面によって使い分けているようです。

例) すてきじゃない？　かわいくない？

もう一度 **話そう** にもどって会話してみよう！

第2章 会話上手になろう

行きましょうよ！

🎯 気持ちを表す

話そう まず聞きましょう。どんなところに気をつけたらいいですか。

🅰 77

後輩：先輩、／カラオケ行きませんか？

先輩：いいよ。／あんまり／うまくないから。

後輩：たまには／いいじゃないですか。／（うーん…）／メンバーに／入れてしまったし…。

先輩：君は／うまいから／いいよね。

後輩：先輩だって、／けっこう／お上手ですよ。／行きましょうよ！

先輩：まあ、／たまには／いいか…。

💡 **POINT**　「よ」「よね」「か」のイントネーションに気をつける　　　📖もっと発音！17

イントネーションによって様々な意味になります。

🅰 78

① 「いいよ」は、イントネーションによって、了解や断りなどの意味になります。ここでの先輩の「いいよ」は断っています。

いいよ〈了解〉

② 「よね」は、話し手が考えていることについて、相手もそう思っているか確認するときに使います。イントネーションは、いったん下がって上がります。

いいよね〈確認〉

③ 「か」は、質問ではふつう上がります。下がる場合は、相手に働きかけていますが、答えは要求していません。

いいじゃないですか〈軽く提案〉

練習しよう 下線部を入れかえて、ペア練習をしましょう。

①

後輩：カラオケ大会するんですけど、/（うん）先輩も出るでしょ？//

先輩：いいよ。//下手だし…。//

後輩：いいじゃないですか。//出ましょうよ！//

①美人コンテスト　エントリーする　自信ない
②イケメンコンテスト　参加する　有名になったら困る　③自由に作ろう

②

先輩：日本のアニメって/いいよね？//

後輩：そうですか？//アメリカのアニメも/いいですよ。//

先輩：そういえば/そうだね。//

①団子　おいしい　ケーキ　②○○さん（後輩）　センスいい　××さん（先輩）
③自由に作ろう

TIPS
「ですよ」が「でしょ」になったり、その逆にならないように気をつけましょう。

リズム練習 リピーティング、オーバーラッピングをしましょう。

〜っていいですね　前の語の最後の1拍と一緒にして発音しましょう。

タン タン タ タン タンタ　　えいがっていいですね　　はなびっていいですね

タ タン タンタ タン タンタ　　にほんごっていいですね　　フランスっていいですね

もう一度 **話そう** にもどって会話してみよう！

番外 聞き上手はあいづち上手

あのう、若者がね。(はい)恋愛離れしているそうですよ。(へえ、恋愛離れ？)18歳から19歳の(はい)35％が恋愛したくないそうですよ。(ほう)それで、聞いてみたらね。(ええ、ええ)別に恋愛しなくても楽しいって言う人が多いんですよ。(ふうん、そうなんですか)

あのう、／若者がね。／(はい)／恋愛離れしているそうですよ。／(へえ、／恋愛離れ)／

18歳から／19歳の／(はい)／35％が／恋愛したくないそうですよ。／(ほう)／それで、／

聞いてみたらね、／(ええ、ええ)／別に／恋愛しなくても／楽しいって言う人が／

多いんですよ。／(ふうん、／そうなんですか)／

TIPS これであなたも聞き上手！「さ・し・す・せ・そ」の法則

あいづちに「さ：さすが！」「し：知らなかった！」「す：すごい！」「せ：センスいいね！」「そ：そうなんだ！」を入れると、話し手がもっと話したい気持ちになり、話が続きます。

来週、彼女の誕生日なんだけどさ、(そうなんだ)ちょっといいレストラン、予約したんだ。(おっ、さすが！)フレンチのフルコースだよ。(すごい！)東京スカイツリーがよく見えるレストランなんだけど、(ふうん、センスいいね！)やっぱ、そう思う？(うん)スカイツリー、来週からピンク色にライトアップされるらしいんだ。(へえ、知らなかった！)彼女、そういうの好きだからさ、(うん)レストランの後、ヘリコプターも予約しちゃったよ。(す、すごい！)俺って本当にすごいだろ？(う、うん…)

第3章
チャレンジしよう

「第3章　チャレンジしよう」では
今まで練習してきた発音に気をつけながら、少し大きい活動(かつどう)にチャレンジします。まとまりのある発話(はつわ)を、相手(あいて)にわかりやすく話すことを心がけましょう。

1 第3章 チャレンジしよう
日本の若者(わかもの)について

🎯 インタビュー調査(ちょうさ)をする

> チン：すみません、地球大学の留学生のチンと申します。あのう、実は私、日本語の授業で、日本の若者について調査をしているのですが、もしよろしければ、お話を伺えないでしょうか。時間は10分ぐらいです。調査結果は、授業でだけ使います。お名前は出しません。よろしくお願いいたします。
>
> 協力者(きょうりょくしゃ)：ええ、いいですよ。
>
> チン：日本の若者について、どのように思われますか。
>
> 協力者：若者は、男も女もダイエットのことばかり考えているように思います。
>
> チン：といいますと？
>
> 協力者：最近の日本の若者は細すぎると思うんです。
>
> チン：ああ、そうですね。
>
> 協力者：ええ。女の人より細い男の人がいっぱいいるんですよ。
>
> 〈中略(ちゅうりゃく)〉
>
> チン：今日はお時間をいただいて、ありがとうございました。おもしろいお話がたくさん聞けて、とても参考(さんこう)になりました。本当にありがとうございました。

練習しよう 🅱️01

1. インタビューの依頼(いらい)をする

チン：すみません、／地球大学の留学生の／チンと申します。／／あのう、／実は私、／

日本語の授業で、／日本の若者について／調査をしているのですが、／

もしよろしければ、／お話を伺えないでしょうか。／／時間は／10分ぐらいです。／／

調査結果は、／授業でだけ使います。／／お名前は出しません。／／

よろしくお願いいたします。／／

2. インタビューをする

チン：日本の若者について、どのように思われますか。

協力者：若者は、（はい）男も女も ダイエットのことばかり（ああ）考えているように思います。

チン：といいますと。

協力者：最近の日本の若者は 細すぎると思うんです。

3. お礼を言う

チン：今日は お時間をいただいて、ありがとうございました。おもしろいお話がたくさん聞けて、とても参考になりました。本当にありがとうございました。

TIPS

インタビューでは、インタビューされる人が話したくなるように、話を引き出すためのあいづちを打つことが大切です。共感を示すようなあいづちや、注目している態度や、尊重している態度を示すことが重要となります。

ええ、ええ　そうなんですか　あーなるほど　それで　といいますと

チャレンジしよう

興味(きょうみ)のあるテーマについて、質問を考えて、インタビューをしてみましょう。

テーマ「＿＿＿＿＿＿＿＿＿＿＿＿＿＿＿＿＿＿」

インタビューの依頼(いらい):

インタビューの内容(ないよう):

------

2 第3章 チャレンジしよう
バレンタインチョコレート

🎯 プレゼンテーションをする

> エミリーと申します。今日は「バレンタインチョコレート」というテーマで発表いたします。よろしくお願いいたします。
>
> 日本に来て、驚いたことは、バレンタインデーにチョコレートを買うことです。パラダイスデパートの調査によると、今年のバレンタインデーは、予算としては、2,000円未満が一般的とのことです。また、多くの女性が自分に高価なチョコレートを「ご褒美チョコ」として買っているということです。男性はチョコレートだけでなく、プレゼントもほしいという回答も多く、男女の意識に差があることがわかったそうです。
>
> そこで、私は、バレンタインデーに、チョコレートにどのぐらいお金をかけているか、また、男性は本当にチョコレートがほしいのかについて調べました。まず、男女25名ずつ、計50名の方にアンケートをして、その後、5名の方に詳しいインタビューをお願いしました。
> 〈中略〉
> 以上で、私の発表を終わります。ご質問やご意見がありましたら、お願いいたします。

練習しよう

1. プレゼンテーションの開始と終了

エミリー：「エミリーと申します。// 今日は /「バレンタインチョコレート」/ というテーマで / 発表いたします。// よろしくお願いいたします。//

エミリー：以上で、/ 私の発表を終わります。// ご質問や / ご意見がありましたら、/ お願いいたします。//

2. 質疑応答①　

パク：すみません、/ この調査について、/ もう少し / 詳しく説明してください。//

エミリー：はい、/ このパラダイスデパートの調査でしょうか。// これは、/ デパートで / チョコレートを買ったお客さんに / その場で / アンケートに / 答えてもらったものだそうです。//

3. 質疑応答②　

カイル：あの、/ 義理チョコというのが / よくわからないんですが、/ 具体的に / どういうチョコですか。//

エミリー：あ、/ 義理チョコというのは、/ 会社の同僚や / 家族などにあげる / チョコレートのことです。// 人間関係をよくするためというか…。//

4. 質疑応答③　

ロビ：自分用に / チョコレートを買うのは、/ どのような人でしょうか。//

エミリー：そうですね、/ チョコレート好きな / ごく普通の方たちです。//

チャレンジしよう

興味のあるテーマについて、データを集めて、プレゼンテーションをしてみましょう。その後で、クラスメートからの質問に答えましょう。

テーマ「　　　　　　　　　　　　　　　」

予想される質問①：

質問の答え①：

予想される質問②：

質問の答え②：

----

3 第3章 チャレンジしよう
ペットにするなら犬と猫のどちら？

🎯 ピンポンディベートをする

> **健**：私は、「ペットにするなら犬と猫のどちら？」について、犬の方がいいと考えます。理由は、犬は一緒に散歩ができて健康的だからです。
>
> **マイ**：健さんは、犬は一緒に散歩ができて健康的だという理由で、ペットにするなら犬の方がいいという意見ですが、私はそれに反対です。私はペットにするなら猫の方がいいと考えます。というのも逆に猫は散歩をしなくてもいいので、面倒くさくなくていいからです。
>
> **ジョン**：李さんは、猫は散歩をしなくてもいいから面倒ではないという理由で、ペットにするなら猫の方がいいという意見ですが、私は餌をやったりして世話をしなければならないのは、どのペットも同じですから、理由にならないと思います。私は、ペットにはやはり犬の方がいいと考えます。というのも、犬は主人に忠実だからです。

ここでは、ピンポンディベートをやってみましょう。ピンポンディベートでは、賛成チームと反対チームに分かれます。相手の主張の一部を繰り返して言い、それに対する反論を述べます。相手の意見をよく聞く練習になります。下の図のように、Aから始まってAで終わります。

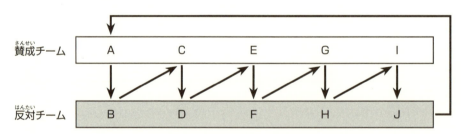

主張と理由の言い方

私は、＿＿＿＿＿＿＿＿と思います。理由は、＿＿＿＿＿＿＿＿＿＿からです。

私は、＿＿＿＿＿＿＿＿と考えます。というのも、＿＿＿＿＿＿＿＿＿からです。

相手の意見の一部を繰り返して、反論する言い方

Aさんは、＿＿＿＿＿＿という理由で、＿＿＿＿＿という意見ですが、私はそれに反対です。
／そう思いません。

練習しよう

1. 主張と理由

健：私は、「「ペットにするなら／犬と猫の／どちら？」／について、／犬の方がいいと考えます。／理由は、／犬は／一緒に散歩ができて／健康的だからです。

2. 反論①

マイ：健さんは、／犬は／一緒に散歩ができて／健康的だという理由で、／ペットにするなら／犬の方がいいという意見ですが、／私は／それに反対です。

3. 反論②

ジョン：マイさんは、／猫は／散歩をしなくてもいいから／面倒ではないという理由で、／ペットにするなら／猫の方がいいという意見ですが、／私は／餌をやったりして／世話をしなければならないのは、／どのペットも同じですから、／理由にならないと思います。

チャレンジしよう

ピンポンディベートをしてみましょう。
テーマ例：
「旅行に行くなら北海道か沖縄か」「夏と冬では、どちらがよいか」
「田舎に住むのと都会に住むのとどちらがよいか」「野生の動物と動物園の動物ではどちらが幸せか」
「イチゴのケーキの、イチゴを先に食べるか最後に食べるか」など
他の人が同じような意見を言ったときのために、自分の意見をいくつか用意しておきましょう。

テーマ「　　　　　　　　　　　　　　　　　」

意見①：

意見②：

4 第3章 チャレンジしよう
血液型で本当に性格がわかる？

🎯 ディスカッションの最後に意見をまとめて述べる

司会：では、始めましょう。今日のテーマは、「血液型で本当に性格がわかるか」でした。最後に、それぞれのご意見をまとめてもらいましょう。まず、みほさん、お願いします。

みほ：私は、やはり、血液型によって性格が違うと思います。例えば、私はB型なんですが、やっぱりB型の人と気が合います。

マリア：私は、それに反対です。たった4種類しか性格がないとしたら、世界中で15億人が同じ性格というわけですから、おかしいと思います。血液型で人の性格が決まるというのはおかしいのではないでしょうか。日本に来て、よく聞かれるので驚きました。私は自分の血液型を知りませんし…。

みほ：ちょっと付け加えてもいいですか。マリアさんのおっしゃることはわかるんですが、欧米人も星占いをしたりするでしょう？ それと同じようなものだと思うのですが。

司会：李さんは、どう思いますか。

李：そうですね。私は、血液型を信じているわけではないのですが、血液型による性格の違いが絶対にないとは言えないですよね。まあ、人を傷つけなければいいと思います。

司会：絶対的なことは言えないということでしょうね。まあ、みなさんのご意見をまとめると、親しくなるための話題とするのはかまわないが、人を傷つけないように注意した方がいいということでしょうね。

まず、テーマを決めて、15分ぐらいディスカッションをします。司会を決めて、進めましょう。それから、自分の意見をもう一度考えて発表します。どうしたら明確に伝わるかを考えることが大事です。司会は、他の人の意見を聞いておくと、最後にまとめるときにまとめやすいです。

練習しよう

1. 司会をする

では、/ 始めましょう。// 今日のテーマは、/「血液型で / 本当に / 性格がわかるか」でした。//

最後に、/ それぞれのご意見を / まとめてもらいましょう。// まず、/ みほさん、/ お願いします。//

絶対的なことは / 言えないということでしょうね。//

まあ、/ みなさんのご意見をまとめると、/ 親しくなるための話題とするのは / かまわないが、/

人を傷つけないように / 注意した方がいい / ということでしょうね。//

2. 意見を言う

みほ：私は、/ やはり、/ 血液型によって / 性格が違うと思います。// 例えば、/

私はＢ型なんですが、/ やっぱり / Ｂ型の人と気が合います。//

みほ：ちょっと / 付け加えてもいいですか。// マリアさんのおっしゃることは /

わかるんですが、/ 欧米人も / 星占いをしたりするでしょう？// それと /

同じようなものだと思うのですが。//

3.反対意見を言う（他の人の意見を聞きながら）

マリア：私は、/それに反対です。//たった4種類しか/性格がないとしたら、/世界中で/15億人が/同じ性格というわけですから、/おかしいと思います。//血液型で/人の性格が決まるというのは、/おかしいのではないでしょうか。//

李：私は、/血液型を/信じているわけではないのですが、/血液型による性格の違いが/絶対にない/とは言えないですよね。//

チャレンジしよう

ディスカッションをしてみましょう。
テーマ例：
美容整形　草食男子　女性専用車両　日本のお弁当　電車内で化粧すること　ブランドについて
女性の地位　割り勘　など

テーマ「_____」

私の意見

5　結婚を許してください

第3章　チャレンジしよう

🎯 ドラマや映画の役を演じる

　教室での勉強や教科書がなくても、自分で発音の練習が続けられるようになりましょう。テレビ、ラジオ、映画、インターネットを使って、ドラマ、ニュースなどを録画、録音、ダウンロードすれば、何度も見たり、聞いたりできます。これを利用して、これまで勉強してきたことを実践してみましょう。例えば、インターネットで気に入った素材を探して、下のようにセリフを書きます。これを教室で演じてみましょう。一人で、または、役を決めて友人と演じてみましょう。

発表例 1

　今日は、2015年に放映されたテレビドラマ「娘の結婚」から、結婚式のシーンを演じたいと思います。回想シーンでは、娘の結婚相手が娘の父親に結婚の許しを求めに行きます。
　私は、結婚相手の李を、父親は、ジェームズさんが、娘の夢子をアリスさんがやります。アリスさんは、感動的な結婚式のスピーチをします。では、始めます。

「結婚式のシーン」
夢子：お父さん、お母さん、今日まで育ててくださってありがとうございました。私は子どものころから問題児で、いつもお母さんに叱られていました。でもあるときから、お母さんは、何も言わなくなりました。ただ毎日、「今日、パパと散歩に行ったよ」とか、どうでもいいことが書いてあるメモが、机の上にありました。でも、そのメモがあったからこそ、私のことを信じて待っていてくれるんだなと安心していました。お父さん、お母さん、心配かけてごめんなさい。そして、見守ってくれて、本当にありがとう…。私も、お父さんとお母さんのように、子どもを信じて育てたいと思います。

「結婚を許してください」〈回想シーン〉
李：今日は、会ってくださってありがとうございます。
父親：まあ、夢子が言うからしかたないね…。
李：改めてご挨拶させていただきます。私は、中国から来た李と申します。
父親：うん、夢子とはどこで知り合ったの？
李：あのー、大学のサークルでお会いしました。（ふむ）私が日本に来てまだ慣れないときに、夢子さんには大変親切にしていただきました。
父親：ん…それで、今日は？
李：はい、実は…あの、夢子さんとの結婚を許していただきたいとお願いに上がりました。

父親：えっ!? それは、青天の霹靂…。君は外国人だし、まだ大学院生でしょ？ それで、ご両親はどう考えていらっしゃるの？

発表例2

　私たちは、日本昔話の「桃太郎」をネットで見つけたのでそれをやります。みなさんはこの話を知っていますよね？
　登場人物を言います。ナレーション1とおばあさん役は私アニタがします。ナレーション2とおじいさんと桃太郎と鬼は、ジムさんがやります。猿と犬は、キャリーさんが演じます。では、始めます。

　　N1：昔々あるところに、おじいさんとおばあさんが住んでいました。ある日、いつものように、おじいさんは山へ柴刈りに、おばあさんは川へ洗濯に行きました。
　　N2：「シバ」と言っても芝生の芝とはちょっと違います。
　　N1：おばあさんが洗濯をしていると、川上のほうから、大きな桃が流れてきました。
　　N2：ドンブラコ、ドンブラコ…この話は桃が名産の岡山県の話という説があります。
　　N1：おばあさんは、その大きな桃を拾って、家に持って帰りました。
おばあさん：ヨッコラショ、ドッコイショ。
　　N1：家に帰っておじいさんと一緒に桃を切ると、
おじいさん：あれま、タマゲタ、びっくりした。
　　N1：桃の中から男の子が生まれたのです。子どものいないおじいさんとおばあさんは大喜び。
おじいさんとおばあさん：ヤッター！
　　N1：桃太郎は成長して、立派な若者になりました。その頃、鬼の住む鬼が島では、乱暴な悪い鬼が人々を困らせていました。そこで桃太郎は、鬼をやっつけに、鬼退治に行くことにしました。
　桃太郎：おじいさん、おばあさん、今まで育ててくれてありがとうございました。私は鬼退治に行ってきます。
　　N1：おばあさんは、お弁当にきび団子を桃太郎に持たせました。桃太郎は腰にきび団子を付けて、いざ出発！
　　N2：「ヨッシャー、やるぞ！」と言ったのかな。
　　N1：桃太郎が歩いていると、お腹を空かせた犬が出てきました。
　　犬：♪桃太郎さん、桃太郎さん、お腰に付けたきび団子、一つ私にくださいな♪ワン
　桃太郎：♪あげましょう、あげましょう、これから鬼をやっつけについていくなら、あげましょう♪
　　N1：猿も出てきました。

猿：♪行きましょう、行きましょう、あなたについてどこまでも、家来になって行きましょう♪キーキキキキ

N1：というわけで、ちょっと頼りないのですが、猿とキジも一緒に鬼が島に行きました。

鬼：来たな、桃太郎！

N1：きび団子のおかげで桃太郎たちは元気百倍。

全員：ワ〜。

鬼：ヤラレタ〜。

N1：というわけで、見事鬼をやっつけてしまいました。それから、鬼の持っていた宝物を持って、おじいさんとおばあさんの元に帰って、みんなで幸せに暮らしましたとさ。めでたし、めでたし。

発表例3

　今から、アニメ「月に帰れなかったかぐや姫」のラストシーンを演じます。かぐや姫は竹から生まれた女の子で、かぐや姫を見つけたおじいさんとおばあさんに育てられました。実は、月から来たお姫様だったんです。そして、今日は、かぐや姫が月に帰る日です。登場人物は、かぐや姫、おじいさん、おばあさん、ねこ、月からの使者の4人と1匹です。すべて私が演じます。では、始めます。

かぐや姫：おじいさん、おばあさん、今日私は月へ帰らなければなりません。

おじいさん：かぐや姫、わしらをおいて行かんでおくれ。（悲しそうに）

ねこ：行かないでおくれニャー。

おばあさん：おまえがいなかったら、だれが掃除したり、洗濯したりするんじゃ。（困ったように）

ねこ：だれがするニャー。

かぐや姫：私はもうお世話をするのに疲れました。月へ帰って素敵な王子様と結婚いたします。

おじいさん：そんなこと言わんで、これからは、ご飯をおかわりしても、いねむりしても怒らないから。

ねこ：怒らないニャー。

かぐや姫：もう決めたことなのでございます。（きっぱり）

おばあさん：あああああああ（泣く）、もう今までのように楽できないよおおお（大げさに）。

月の使者：こんばんは。月の使者です。月の王子様から、かぐや姫様にメッセージがあります。

かぐや姫：メッセージ？

月の使者：「写真を見たが、あなたは私のタイプではない。私のことはあきらめよ」とのことでした。そういうことで、よろしく。ばいばーい。（明るく元気に）

かぐや姫：ちょっと、待って、待って、待ってー！私を月へ連れてってー！（必死に）

おばあさん：ひ〜ひひひひひ、残念じゃったね。さあ、おとなしく、買い物でも行ってきな。（意

　　　　　　　地悪く）
　　ねこ：行ってきニャー。
　かぐや姫：嘘よ、嘘よ、こんな話、聞いたことないわ。
　　　　　　絶対月に帰ってみせる！（力強く）
　　ねこ：帰ってみせるニャー。

　この他に、ニュースキャスターらしくニュースを読み上げてもいいですね。テレビなら、視聴者にアイコンタクトを送ること、ラジオなら聞きやすい発音や声を工夫するなど、いろいろ考えて楽しみましょう。話し手によってどんな話し方をするのか、バリエーションを観察するのもおもしろいですね。

活動の手順

1. インターネットなどで、ドラマやニュースなどを見て、原稿（スクリプト）を書く
2. 必要に応じて漢字の上にひらがなを書く
3. 句切りを入れる
4. 句切りと句切りの間のフレーズを「へ」の字にする
5. 聞きながら練習する
   ・リピーティング（止めてから後で言う）
   ・オーバーラッピング（止めずに音声と同時に言う）ポーズの位置や長さがわかります。
   ・シャドーイング（止めずに少し後から言う）
   ・十分読む練習をしたら、気持ちを入れて演じてみましょう。なるべくセリフは見ない方がいいです。
6. 発表をする（教室活動の場合）
   　友だちと練習成果を発表して、コメントを言い合いましょう。そのときは、よかったところ、ちょっと気になったところ、アドバイスなどを以下のように書いて渡すと、あとで参考になります。他人の発音をきちんと評価することは、自分の発音について評価し、理解する助けになります。

さん	パフォーマンス・全体
コメントを書いた人の名前（　　）	発音についてコメント

第4章
もっと発音！
―ルールと練習―

「第4章　もっと発音！―ルールと練習―」では
これまで各課(かくか)で取り上げた発音のポイントをもっと詳(くわ)しく理(り)解(かい)し、
練習します。必(ひつ)要(よう)なときに、必(ひつ)要(よう)なところを読んだり、聞いたり、
発音練習をしたりしましょう。

第4章 もっと発音！―ルールと練習―

基本① 句切り//と「へ」の字

練習しよう 聞いて発音しましょう。

少し長い文は、句切りと「へ」の字型イントネーションができれば、聞きやすくなります。

①句切り//

意味のまとまり（句）を切らずに発音し、次の意味のまとまりとの間に句切りを入れます。
aとbを聞き比べてみましょう。

a 「私の国では一人でご飯を食べに行くことはあまりありませんが日本では一人でご飯を食べに行く人が多いです。」

b 「私の国では／一人で／ご飯を食べに行くことは／あまりありませんが／日本では／
　　　フレーズ　　フレーズ　　　　フレーズ　　　　　　　フレーズ　　　　　フレーズ

一人で／ご飯を食べに行く人が／多いです。//」
　フレーズ　　　フレーズ　　　　　フレーズ

bのように、意味のまとまりで句切りを入れると、話しやすく、聞き手にわかりやすい発音になります。フレーズの長さは、15拍ぐらいまでにすると、発音しやすいです。

②「へ」の字

日本語の文のイントネーションは、ひらがなの「へ」のようなカーブになります。はじめは、声が低いところから始まり、高くなってだんだん下がります。

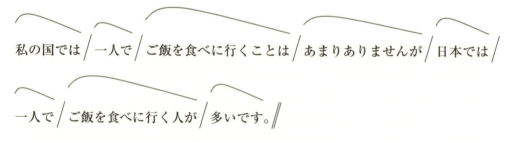

⚠ アクセントに注意しすぎて、不自然なイントネーションになることがあります。アクセント核でいきなり上がるのではなくて、1拍目から2拍目にかけて上がるようにしましょう。

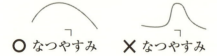

2 第4章 もっと発音！―ルールと練習―
基本② 山 ⌒ と丘 ⌐

練習しよう 聞いて発音しましょう。

① 山のフレーズと丘のフレーズ

アクセント核のある山のフレーズと、アクセント核のない丘のフレーズが聞き分けられますか。フレーズが山型か丘型か聞き取れて、発音すると、スピーチも会話もより自然なイントネーションになります。

山のフレーズ ⌒	丘のフレーズ ⌐
ラーメンが好きです　山に登ります　海が見える	私の国　今週は　私の友だち
頭が痛い　みそラーメン特集です	山の写真　隣のおじさん
ダンスサークルに入ります	お腹の丈夫な人　日本語の発音の練習

💡 丘のフレーズを言うとき、どんな感じがしますか。ある人はロボットが話しているみたい、ある人は宇宙人が話しているみたいだと言います。

② 山の単語と丘の単語

フレーズが山か丘かは、フレーズ内の単語が山か丘かによって決まります。

山の単語 ⌒	丘の単語 ⌐
話す　作る　ラーメン　好きな　おばあさん	隣　頭　私　今週　発音
食べもの　図書館　ロボット　宇宙人	特集　練習　お腹　登る　丈夫な
東京都　みそラーメン　アイスクリーム	サークル　日本語　おじさん

💡 丘の単語でも、助詞がつくと下がります。しかし、助詞「の」だけは少し違う性質があり、つくと平らになります。

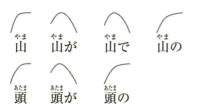

基本③　1拍目が高いアクセント

練習しよう　聞いて発音しましょう。

　山型には、1拍目が高くてすぐに下がる場合と、それ以外の拍で下がる場合があります。1拍目で下がるものを「頭高型アクセント」といいます。頭高型アクセントは目立つので、これがうまく発音できると、日本語らしくなります。

① 頭高型のフレーズ

頭高型アクセントとその他のアクセントを聞き分けて、発音してみましょう。

山のフレーズ		丘のフレーズ
頭高型 ⌐○○○○	その他 ○⌐○○○	○○○○
ラーメンを　背が高い　多いです　本を読みます　食べに行きます	理想の彼　思いやりがない　青い服　集団行動が苦手	丘に登る　気にする　学校に行く　地下鉄に乗る

② 頭高型の単語

山の単語		丘の単語
頭高型 ⌐○○○○	その他 ○⌐○○○	○○○○
ぜひ　読む　帰る　家族　富士山　アクセント	食べる　昼ごはん　みなさん　もちろん　夏休み　集団行動	乗る　あまり　理想　集団　地下鉄　思いやり

❷ 山の単語には、1拍目にアクセント核がある「頭高型」、真ん中にアクセント核がある「中高型」、「山がある」のように、助詞などがあると単語の最後にアクセント核がある「尾高型」、アクセント核のない「平板型」（丘）という分類があります。この本では、山と丘だけを基本とします。

第4章 もっと発音！―ルールと練習―

基本④　リズムにのってタン・タ・タン

練習しよう　聞いて発音しましょう。

フットとリズム

　日本語のリズムは、1拍と2拍のリズム単位の組み合わせです。2拍のまとまりをフットと言います。フットができれば、より自然で聞きやすくなり、長音「ー」、促音「っ」、撥音「ん」のような特殊拍もできるようになります。
　aとbを聞き比べてみましょう。

　　a　お・ね・が・い・し・ま・す　　ど・こ・い・き・ま・す・か
　　b　おね・がい・し・ます　　　　　どこ・いき・ます・か

　まず特殊拍と前の拍を1フット⌣とするのが基本です。残りの拍は2拍1フット⌣、あるいは1拍・とします。下に例を挙げます。

　　アクセント→アクセント　　　発音練習→はつおんれんしゅう

　　イントネーション→イントネーション

　練習するときは、手を叩きながら、「タン・タン・タ」「アク・セン・ト」や「タン・タ・タン・タン」「イン・ト・ネー・ション」のように発音すると、体でリズムがつかめます。

　① タバコをすってもいいですか
　② しゅくだいしなくちゃなんないの
　③ どっちへいったらいいですか
　④ にゅうじょうりょうはおいくらですか
　⑤ いつもおせわになってます
　⑥ もっとゆっくりはなしてください

5 山の複合名詞 ― 携帯+電話⇒携帯電話

第4章 もっと発音！―ルールと練習―

練習しよう 聞いて発音しましょう。

名詞1＋名詞2の複合名詞は、前の名詞1の部分が丘になります。

山の複合名詞：全体が一つの山になる

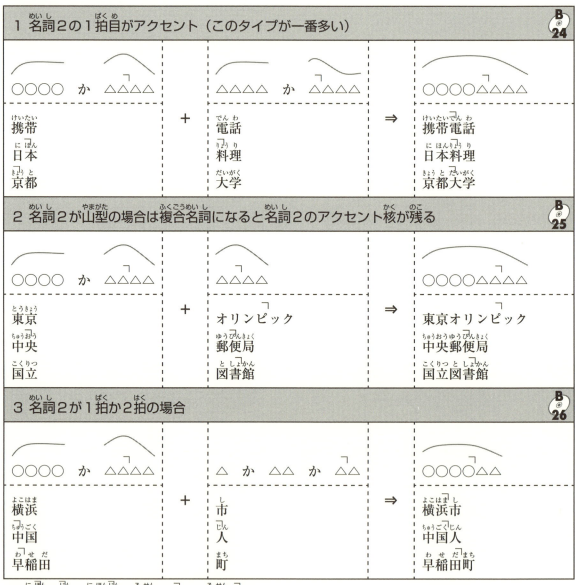

6 第4章 もっと発音！—ルールと練習—

丘の複合名詞 — 市営＋駐車場 ⇒ 市営駐車場

練習しよう 聞いて発音しましょう。

山の複合名詞と同様に、前の名詞1の部分が丘になります。

丘の複合名詞：全体が丘になる

1 名詞2が5拍以上 （B27）

市営	＋	駐車場	⇒	市営駐車場
中央		研究所		中央研究所
原子力		発電所		原子力発電所

2 名詞2が1拍か2拍の場合（山型の方が多い） （B28）

イタリア	＋	語	⇒	イタリア語
民主		的		民主的
学生		課		学生課
選手		村		選手村

7 動詞のアクセント（1）―食べる・食べない・食べて

第4章　もっと発音！―ルールと練習―

練習しよう　聞いて発音しましょう。

動詞のアクセントは山の動詞と丘の動詞があります。また、活用形ごとに規則性があります。後ろから2拍目で下がる−2型と後ろから3拍目で下がる−3型があります。

山（−2型）	○○○○	飲む　来る　読む　書く　見る　食べる　休む　会う　歩く　手伝う
山（−3型）	○○○○	帰る　入る　通る　返す　考える
丘	○○○○	言う　買う　遊ぶ　行く　聞く　する　踊る　笑う　泣く　働く

①「〜ます」「〜ません」のアクセント

どんな動詞でも同じです。

	○○○ます	○○○ません	○○○ました	○○○ませんでした	○○○ましょう
山	食べます	食べません	食べました	食べませんでした	食べましょう
丘	言います	言いません	言いました	言いませんでした	言いましょう

②辞書形・ない形・て形・た形・ば形のアクセント

		○○○○	○○○ない	○○○ないで	○○○て	○○○た	○○○○ば
山		食べる	食べない	食べないで	食べて	食べた	食べれば
					○○○て	○○○た	○○○○ば
		入る	入らない	入らないで	入って	入った	入れば
丘		○○○○	○○○ない	○○○ないで	○○○て	○○○た	○○○○ば
		言う	言わない	言わないで	言って	言った	言えば

8 動詞のアクセント（2） ― 言う・言える・言われる

第4章　もっと発音！―ルールと練習―

練習しよう　聞いて発音しましょう。

可能形、受身形、使役形、使役受身形は、辞書形と同じアクセントです。いろいろな動詞で練習しましょう。

① 可能形・受身形・使役形・使役受身形

	辞書形	可能形	受身形	使役形	使役受身形
山	食べる	食べられる	食べられる	食べさせる	食べさせられる
	入る	入れる	入られる	入らせる	入らせられる / 入らされる
丘	言う	言える	言われる	言わせる	言わせられる / 言わされる

② その他動詞のいろいろな形

	○○○	○○○に	○○○ても	○○○たら	○○○なかったら	○○○なければ
山	食べる	食べに	食べても	食べたら	食べなかったら	食べなければ
	入る	入りに	入っても	入ったら	入らなかったら	入らなければ
丘	言う	言いに	言っても	言ったら	言わなかったら	言わなければ

💡 「〜に」は、「食べに行く」のように使います。

9 動詞の縮約形・敬語のアクセント — 入っちゃった・入ってる

第4章 もっと発音！ ―ルールと練習―

練習しよう 聞いて発音しましょう。

「〜ちゃった」は「〜てしまった」の縮約形なので、アクセント核はて形と同じ位置にあります。「〜て(い)た」「〜て(い)る」、「〜て(い)ない」や敬語「〜ていただきたい」も同様です。「〜なくちゃ」や「〜なきゃ」のアクセントは、ない形と同じです。

① 「〜ちゃった」「〜ちゃう」「〜なくちゃ」「〜なきゃ」

	○○○て	○○○ちゃった	○○○ちゃう	○○○なくちゃ	○○○なきゃ
山	食べて	食べちゃった	食べちゃう	食べなくちゃ	食べなきゃ
	○○○て	○○○ちゃった	○○○ちゃう		
	入って	入っちゃった	入っちゃう	入らなくちゃ	入らなきゃ
丘	○○○て	○○○ちゃった	○○○ちゃう	○○○なくちゃ	○○○なきゃ
	言って	言っちゃった	言っちゃう	言わなくちゃ	言わなきゃ

② 「〜て(い)る」「〜て(い)ない」や敬語「〜ていただきたい」

	○○○ている	○○○てる	○○○ていない	○○○てない	○○○ていただきたい
山	食べている	食べてる	食べていない	食べてない	食べていただきたい
	○○ている	○○てる	○○ていない	○○てない	○○ていただきたい
	入っている	入ってる	入っていない	入ってない	入っていただきたい
丘	○○○ている	○○○てる	○○○ていない	○○○てない	○○○ていただきたい
	言っている	言ってる	言っていない	言ってない	言っていただきたい

10 第4章 もっと発音！—ルールと練習—

動詞の一語文 — いた。いた？

練習しよう　聞いて発音しましょう。

疑問文になってもアクセントは変わりません。特に、促音「っ」、撥音「ん」、長音「ー」のような特殊拍を含む語は気をつけましょう。

① 促音「っ」　B35

1　いた。　　いた？　　言った。　　言った？
2　来た。　　来た？　　切った。　　切った？

② 撥音「ん」　B36

1　呼んだ。　　呼んだ？　　読んだ。　　読んだ？
2　遊んだ。　　遊んだ？　　休んだ。　　休んだ？

③ 長音「ー」　B37

1　来てる。　　来てる？　　聞いてる。　　聞いてる？
2　撮る。　　撮る？　　通る。　　通る？

リズム練習　B38

タンターダンタン　　してる—知ってる　打てる—売ってる　来てる—聞いてる

タンータンタ　　来た—切った　した—知った　いた—言った　取る—通る

タンタンータンタンタ　　持ってて—持ってって

タンータタン　　行く—行こう　飲む—飲もう

11 第4章 もっと発音！ ―ルールと練習―
形容詞のアクセント ― 甘い・甘くない

練習しよう 聞いて発音しましょう。

① い形容詞

伝統的には、山の形容詞○○○と丘の形容詞○○○があります。丘の形容詞は、形容詞全体の10%未満で、日本人の間にも揺れがあるので、山として覚えましょう。下に伝統的な型を書くので、参考にしてください。

	○○○＋名詞	○○○。	○○○かった	○○く	○○くて	○○くない
山	甘いりんご	甘い。	甘かった	甘く	甘くて	甘くない
伝統的な型（丘）	甘いりんご	甘い。	甘かった	甘く	甘くて	甘くない
山	若い人	若い。	若かった	若く	若くて	若くない
伝統的な型（山）			若かった	若く	若くて	若くない

② な形容詞

○○○な(山)	○○○な(山)	○○○な(山)	○○○な(丘)
きれいな人	にぎやかな人	好きな人	丈夫な人
親切？	大丈夫？	下手？	有名？
便利じゃない。	面倒じゃない。	楽じゃない。	必要じゃない。

否定形の場合、「～ない」にアクセントが付きます。

12 外来語のアクセントとリズム — オリンピックとパラリンピック

第4章　もっと発音！—ルールと練習—

練習しよう　聞いて発音しましょう。

外来語のリズムは1拍ごとでなく、2拍1フットで発音しましょう。

	山	丘
3拍	ﾃﾆｽ　ｹｰｷ　ﾀﾞﾝｽ　ﾄﾏﾄ　ｺｽﾄ　ﾆｭｰｽ	スマホ　メール　レジュメ
4拍	サッカー　ロンドン　シーズン　ヒーロー　キッチン オープン　シャンプー　ボーナス　タイトル プロセス　ゴシック　ロリータ　グループ　オレンジ	ベルリン　アフリカ　モスクワ コンビニ　カラオケ　セクハラ イベント　バランス　コメント
5拍	バスルーム　ソーセージ　アルバイト　キーワード コンサート　アーモンド　スタジアム　プロジェクト カレンダー　バケーション　エネルギー	アンモニア　バクテリア ハーモニカ　カンニング トッピング　ボーリング
6拍	テニスコート　ペットボトル　コントロール リュックサック　バドミントン　クロワッサン サラリーマン　オリンピック	ガーデニング　オープニング クルージング
7拍	コレステロール　パラリンピック　オーストラリア インフルエンザ イントネーション　コンプレックス　エスカレーター コーディネーター　コミュニケーション	3拍　B 41 4拍　B 42 5拍　B 43 6拍　B 44 7拍　B 45

13 感動詞 — えっ! まじで?

第4章 もっと発音！ —ルールと練習—

練習しよう 聞いて発音しましょう。

ポジティブ系	ネガティブ系
よっしゃー、／がんばるぞー！	あーあ、／嫌だなあ。
うわー、／すごいね！	やれやれ、／また残業かあ。
やったー、／明日は休みだ！	うーん、／だめかも…。
よし、／行くぞ！	はあー、／疲れた。
わーい、／うれしいな。	もう、／最悪！
驚き系	**その他**
わあ、／何これ!?	ほら、／見て。
わっ、／びっくりした！	ちょっと、／聞いてる？
えっ、／それ／本当？	ねえ、／聞いてよ。
うっそー？	ふーん、／そうなんだ。
まじで？	おっと、／危ない！
へー、／すごいねー。	ふぅー、／やっと終わった。
あれ、／どうしたの？	よいしょ、／重いなあ。

14 第4章 もっと発音！―ルールと練習―
強調―お・た・の・し・み！

練習しよう 聞いて発音しましょう。

主張したいことや、相手にはっきり伝えたいことがあるとき、言いたいところを強調します。強調するには、強調したいところの前に句切りを入れ、少し長めに休むといいでしょう。他にも、いろいろな強調の方法があります。

① 高く発音する

A：どうしたの？

B：彼が／1時間も／遅刻してきたの！／もう、／信じらんない！

② ゆっくり発音する

A：めずらしい果物ですね。

B：ええ、／ドラゴンフルーツ／っていうんです。

③ 促音や長音を入れる

A：昨日のテスト、／すっごく／難しかったね。

B：えっ？／そんなことないよ。／ぜーんぜん／難しくなかったよ。

④ 一音ずつ句切って言う

A：ねえ、／プレゼント、／何？

B：それは、／明日になってからの／お・た・の・し・み！

15 第4章 もっと発音！―ルールと練習―
オノマトペ―サクサク・フワフワ

練習しよう　聞いて発音しましょう。

① 食感、見た感じ、触った感じを表す

ツルツル　そうめんは／ツルツルとした／食感がいい。‖

ズルズル　ズルズル／音をたてて／食べるのが／おそばを食べる／マナーです。‖

サクサク　天ぷらが／サクサクして／おいしい。‖

フワフワ　外側は／パリッと、／中は／フワフワしている／フランスパン。‖

ネバネバ　納豆の／ネバネバしているのが／好きだ。‖

② 自然現象などを表す

ギラギラ　夏の暑い日は、／太陽が／ギラギラしている。‖

キラキラ　なんて大きな／ダイヤモンド。‖すてき！／キラキラしてる。‖

ヒラヒラ　今年のお花見も／もう／終わりかな。‖桜の花びらが／ヒラヒラ落ちてくる。‖

シトシト　毎日／雨が／シトシト降って、／梅雨は／いやだなあ。‖

ビュービュー　風が強いね。‖ビュービュー／音がする。‖

16 同音異義語のアクセント —「2時だ」じゃなくて、「虹だ」

練習しよう　聞いて発音しましょう。

アクセントによって意味が変わる単語があります。

① 「2時だ」じゃなくて、「虹だ」です。

② 「橋を渡す」じゃなくて、「箸を渡す」です。

③ 「花だ」じゃなくて、「鼻だ」です。

④ 「帰る」じゃなくて、「変える」です。

⑤ 「2本のえんぴつ」じゃなくて、「日本のえんぴつ」です。

⑥ 「いっぱいの水」じゃなくて、「1杯の水」です。

⑦ 「切手よ」じゃなくて、「切ってよ」です。

⑧ 「教育」じゃなくて、「今日行く」です。

⑨ 「傘ないの？」じゃなくて、「貸さないの？」です。

⑩ 「買った」じゃなくて、「勝った」です。

⑪ 「読んだ」じゃなくて、「呼んだ」です。

⑫ 「それを切る」じゃなくて、「それを着る」です。

17 文末イントネーション —そうですか。そうですか？—

第4章　もっと発音！—ルールと練習—

練習しよう　聞いて発音しましょう。

「よ」「じゃない」「か」「よね」はイントネーションによって意図が変わります。

①「いいよ」

1 了解　　A：これ、やってくれる？　　B：いいよ。

2 断り　　A：今日は僕がおごるよ。　　B：いいよ。

3 評価　　A：こんな感じですが…。　　B：いいよ。すごくいいよ。

②「〜じゃない」

1 否定　　　A：あいつどう？　　B：まじめじゃない。　　A：そうか。

2 同意求め　A：あいつどう？　　B：まじめじゃない？　　A：うーん、そうかなあ。

3 意見の強調　A：あいつ、だめだね。　　B：え、まじめじゃない。性格もいいし。

③「そうですか」

1 了解　　　A：今日の授業は休講です。　　B：あ、そうですか。わかりました。

2 疑い　　　A：雨がふりそうだね。　　　　B：え、そうですか？晴れてますよ。

3 喜び・驚き　A：佐藤、結婚したって。　　B：わあ、そうですか！よかったですね。

18 第4章 もっと発音！ ―ルールと練習―
いろいろな音（1）― お餅屋とおもちゃ屋

練習しよう　聞いて、一つ一つの音に気をつけながら丁寧に発音しましょう。

① 拗音「ゃ」「ゅ」「ょ」

拗音（-ゃ、-ゅ、-ょ）は2拍にならないように、1拍で発音するようにしましょう。

1　【びょういん　びよういん】　病院のあとで美容院へ行く。
2　【おもちや　おもちゃ】　お餅屋の隣におもちゃ屋がある。
3　【りょう　りよう】　寮を利用すれば安くつく。
4　【じゅう　じゆう　しよう】　銃の自由な使用に反対！
5　【きょう　きょねん】　今日、去年買った本を読んだ。

② 母音の練習　母音をはっきり言いましょう。

1　あ―え　【きらい　きれい】　きらいじゃないです。きれいです。
2　お―あ　【こわい　かわいい】　こわいじゃないです。かわいいです。
　　　　　　【おに　あに】　おにじゃないです。あにです。
3　あ―う　【さわって　すわって】　さわってじゃないです。すわってです。

③ 母音の無声化　母音をはっきり言いません。

「き・し・ち・ひ・ぴ」と「く・す・つ・ふ・ぷ」は、母音をはっきり言わないことがあります。例えば、「おいしくて」は oishikute ではなくて、oishkte のように発音されます。

1　しかし、れきし（歴史）がすきです。
2　デパちか（地下）にひつようなものを買いに行きます。
3　くつとつくえをピカピカにします。
4　ふとんがフカフカです。　プカプカ浮かんでいます。

第4章 もっと発音！―ルールと練習―

いろいろな音（2）―団子と単語

練習しよう 聞いて、一つ一つの音に気をつけながら丁寧に発音しましょう。

① 清音と濁音　か行 ― が行　た行 ― だ行

　1 【また　まだ】「また来ます」と言ったのに、まだ来ません。
　2 【ちかう　ちがう】「誓う」の漢字が違う。
　3 【ふた　ふだ】蓋に札を貼ってください。
　4 【だんご　たんご】団子という単語を知らなかった。

② 撥音「ん」

1 単語の中の「ん」

「ん」は1拍の長さがあり、後ろに来る音によって、次のような5つの音があります。
　【口を閉じる　m】さんぽ　しんばし　しんぶん　しんぱい　さんま
　【舌が上の歯茎に付く　n】しんらい　サンタ　はんだん　まんなか　かんじゃ
　【舌が盛り上がって上の歯茎に付く　ɲ】こんにちは　こんにゃく
　【舌の奥が上に付く　ŋ】さんかく　まんが　おんがく　けんこう
　【舌はどこにも付かない　N】にほん　あきかん　ペン　しんあい　じゅんい　しんせつ

2 文の中の「ん」

「ほんを」が「ほんの」「ほの」になったり、「にほんに」が「にほに」のようにならないようにしましょう。
　【ほんを　しんぶんを】暇なときは、本を読んだり、新聞を読んだりします。
　【おかあさんを　にほんに】お母さんをさがして、日本に来ました。

第4章 もっと発音！―ルールと練習―

いろいろな音（3） ―おつかれさま

練習しよう 聞いて、一つ一つの音に気をつけながら丁寧に発音しましょう。

①「ち」「つ」

「ち」や「つ」は舌先が緊張する音です。
1 「お<u>つ</u>かれさま」「し<u>つ</u>れいします」はたいせ<u>つ</u>なあいさ<u>つ</u>。
2 <u>つづ</u>きは明日なんて、<u>つ</u>まらない。
3 <u>ち</u>か<u>てつ</u>で、うでを<u>つ</u>かまれて、足を<u>つっつ</u>かれた。
4 <u>つち</u>が<u>つ</u>いているから、注意して。

②「さ」「す」「せ」「そ」―「し」「しゃ」「しゅ」「しょ」

「さ」「す」「せ」「そ」は sa su se so と発音しますが、「し」「しゃ」「しゅ」「しょ」は si sa su so ではなくて、舌の形が違います。
1【しゃ　さ】社長のサイン
2【せ　しゃ　し】先生の写真
3【し　しゃ】静かな社宅

「さ」「す」「せ」「そ」と「し」「しゃ」「しゅ」「しょ」は舌が上の歯茎に付かずに、狭い隙間から息が出ます。「し」「しゃ」「しゅ」「しょ」は舌が盛り上がっています。

③「ざ」「ず」「ぜ」「ぞ」―「じ」「じゃ」「じゅ」「じょ」

「ざ」「ず」「ぜ」「ぞ」と「じ」「じゃ」「じゅ」「じょ」も舌の形が違います。
1【ざ】雑誌　2【ぞ】象　3【じょ】上級
4【じゅ】授業　5【じゃ】おじゃましました

「ざ」「ず」「ぜ」「ぞ」と「じ」「じゃ」「じゅ」「じょ」は、舌が上の歯茎にさっと付きます。「じ」「じゃ」「じゅ」「じょ」は「し」「しゃ」「しゅ」「しょ」のように舌が盛り上がります。

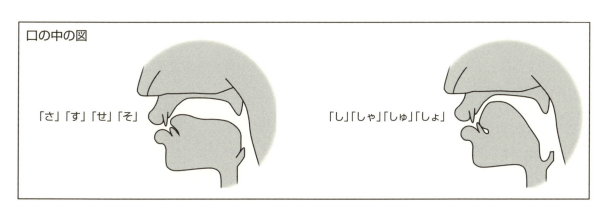

口の中の図　「さ」「す」「せ」「そ」　「し」「しゃ」「しゅ」「しょ」

番外 口の体操！ 早口ことば

練習しよう　3回ぐらいずつ、繰り返してみましょう。

① なまむぎなまごめなまたまご（生麦生米生卵）

② あかまきがみ／あおまきがみ／きまきがみ（赤巻紙青巻紙黄巻紙）

③ わかった？／わからない？／わかったならわかったと、／

わからなかったらわからないといわなかったら、／

わかったかわからないのか／わからないじゃないの、／わかった⁉

④ ぼうずがびょうぶに／じょうずにぼうずのえをかいた
（坊主が屏風に上手に坊主の絵をかいた）

⑤ となりのきゃくは／よく／かきくうきゃくだ（隣の客はよく柿食う客だ）

⑥ このすしは／すこし／すがきききすぎた（この寿司は少し酢がききすぎた）

⑦ かえるぴょこぴょこ／みぴょこぴょこ／あわせてぴょこぴょこ／むぴょこぴょこ
（蛙ぴょこぴょこ三ぴょこぴょこ合わせてぴょこぴょこ六ぴょこぴょこ）

⑧ まじゅつし / まじゅつ / しゅぎょうちゅう（魔術師魔術修行中）

⑨ ひきにくいくぎ / ぬきにくいくぎ / ひきぬきにくいくぎ
（引きにくい釘抜きにくい釘引き抜きにくい釘）

⑩ ろうにゃくなんにょ（老若男女）

⑪ ブタがブタをぶったら / ぶたれたブタが / ぶったブタをぶったので /
ぶったブタと / ぶたれたブタが / ぶったおれた

⑫ どじょうにょろにょろ / みにょろにょろ / あわせてにょろにょろ / むにょろにょろ
（どじょうにょろにょろ三にょろにょろ合わせてにょろにょろ六にょろにょろ）

⑬ とうきょうとっきょきょかきょく / きょかきょくちょう（東京特許許可局許可局長）

⑭ しんしんシャンソンかしゅ / そうしゅつえん / しんしゅんシャンソンショー
（新進シャンソン歌手総出演新春シャンソンショー）

⑮ このたけがきに / たけたてかけたのは / たけたてかけたかったから / たけたてかけたのです
（この竹垣に竹立てかけたのは竹立てかけたかったから竹立てかけたのです）

※ここでは、すべてにアクセント核を付けています。

練習しよう 解答例

第1章 スピーチ上手になろう

1 歓迎！ 食べ歩きサークル

① 先生がおっしゃっていた本は／これでしょうか。∥

② 英語で書いた論文を／読まなければいけないのですが、／今の私には／難しすぎます。∥

③ 母が作った料理が／一番おいしいと思いますので、／いつも／そのように作っています。∥

　これは一例です。句切りに絶対的なものはありません。話すスピードが速い人は、もう少し長いフレーズになるかもしれません。遅い人はもっと切った方が話しやすいかもしれません。

4 桃太郎アメリカ人伝説

昔々／あるところに、／おじいさんと／おばあさんが／住んでいました。∥ある日、／いつものように、／おじいさんは／山へ／柴刈りに、／おばあさんは／川へ／洗濯に行きました。∥おばあさんが／洗濯をしていると、／川上のほうから、／大きな桃が／流れてきました。∥

　昔話を読むときは、ゆったりと、情景が目に浮かぶように語りかけるように読みましょう。

第2章　会話上手になろう

4　うんうん、で？

① カジュアルなあいづち（友だち同士）

キム：この間、（うん）一緒に行ったじゃない？（ん？）駅の近くのレストラン。（ああ、うんうん）おいしかったから、（そうそう）昨日また行ったんだ。（そうなんだ）そしたら、（うん）新しいメニューがあって、（へええ）頼んでみたんだけど、（うん）それが、（なになに）なんか、（うん）消しゴム食べてるみたいで。（えーっ）腹立ったから店を出ようとしたら、（うん）すべって転んでけがしちゃったんだ。（えーっ）踏んだり蹴ったりだったよー。（大変だったね）

② 丁寧なあいづち（上司と部下）

上司：この間のプレゼンなんだけど、（あ、はい）あれよかったんだけどさ、（はい）なんかもう一つ足りなかったね、（はあ）インパクトが。（はあ）それに、3枚目のスライド、（ええ）もうちょっとどうにかならないかなあ。（あ、はい）カラフルにすればいいってもんじゃないし。（はあ）ま、考え直しってことで。（はい、わかりました）

資料1　スピーチ用原稿作成用紙

1. 文を書いてひらがな　　2. 句切り　//　　3. 「へ」の字　⌒

「_____」

名前 _____

資料2　個別学習に役立つサイトの紹介

OJAD（オージャッド）というウェブサイトでは、単語のアクセントを調べたり、イントネーションを調べたりすることができます。

www.gavo.t.u-tokyo.ac.jp/ojad/

使い方

1. 韻律読み上げチュータ「スズキクン」のページを開きましょう

韻律読み上げチュータ
スズキクン

フレーズ句切りが行なわれた文に対して、アクセント変形を考慮した上で文としてのピッチパターンを表示します。「,、。．？！?!::」「／/」及び改行がフレーズの句切りとなります。これはユーザが指定します。また「。．？！?!」と改行が文の句切りとなります。文の句切れは必ずフレーズの句切れとなります。疑問文にも対応しています。OJAD教科書版と異なり、形態素解析、アクセント句境界推定、アクセント核推定などの技術を用いているため、精度は100%ではありませんが、日本語の学習にお役立て下さい。

2. 文を入力しましょう

「伝統的な大きい祭りもあれば地元の小さい祭りもあります。」と入力してみます。
表示の「ピッチパターン」も「テキスト上のアクセント」も初期設定の「上級者用」で「実行」をクリックします。アクセントは全て出てきます。ピッチパターンもそれに忠実に付けられます。

ピッチパターン	アクセントを考慮したカーブ(上級者用)▼
テキスト上のアクセント	上級者用　　　　　　　　　▼

でんとうてきなおおきいまつりもあればじもとのちいさいまつりもあります。
伝統的な大きい祭りもあれば地元の小さい祭りもあります。

「、」や句切りがないと読みにくいので、読みやすさを考えて、15拍以下の句切りになるように、「、」や「,」または「/」を入れます。(「、」のほうが「/」より長く、「,」より「。」のほうが長いです) また、「、、」や「。。。」とすると、ポーズが長くなります。(「//」は使わないでください)

「伝統的な / 大きい祭りもあれば、地元の / 小さい祭りもあります。」

「ピッチパターン」と「テキスト上のアクセント」を「初級者用」で「実行」をクリックすると、アクセントは第1アクセントと頭高型アクセントだけ表示されます。また、アクセントマークを「核のみを表示」にして、上線ではなく、アクセント核のみで表示することもできます。

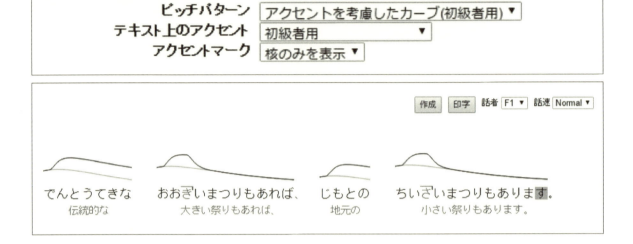

3. 音声を聞きながら練習しましょう

「話者」4名と「速度」3種類から適当なものを選んで、「作成」をクリックすると合成音声が作られます。

「再生」で音声を聞いたり、「保存」して何度も聞くことができます。「く」や「き」など、網掛け部分は、母音が無声化した部分です。

その他、細かい使用法については、実際に使ってみることが大事です。また、「使ってみよう OJAD」画面を開いて練習することもできます。

うまく使って、練習しましょう。

※1 「スズキクン」の声は機械なので、90％の精度です。ときどき間違えますが、気軽に使って練習しましょう。
※2 OJAD は日々改良・進歩しているので、この説明も変わるかもしれません。

教師の方は、以下のウェブサイトも参考にしてください。

みんなの音声サイト
www.kyorin-u.ac.jp/univ/user/foreign/onsee/

あとがき

　この本の作成には、多くの方たちの力をお借りしました。この場でみなさんに感謝の意を表したいと思います。「みんなの音声プロジェクト」のメンバーである田川恭識さんは、試用版 CD 作成という大変な仕事をしてくれました。同じくメンバーである嵐洋子さんとともに、最後まで助言やチェックをしてくれました。外国語発音習得研究会（通称カニ研）で得られた成果は、この本の作成に大いに役立ちました。また、貴重な意見交換による刺激が、執筆を前に進めてくれました。

　最終的な執筆者は 4 名で、発音教育を専門としない者も含まれています。それぞれ得意とするところが違うので、お互いに意見交換をしながらの執筆は苦しいところもありましたが、とにかく役に立つとともに、楽しい活動ができる教材を作成することを目指しました。

　学習者自身にも助けてもらいました。黄さんとエミリーさんには、小スピーチ内容を使う許可をもらいました。試用版の CD 作成に協力してもらったボランティアの方々もいました。川村幸さんと中村宏太さんは試用版のときから協力してくれました。そして、執筆者たちを自由な世界に遊ばせてくださった編集の東郷美香さんの忍耐力がなければ、最後までできなかったでしょう。

著者代表　中川千恵子

参考文献

赤木浩文・古市由美子・内田紀子（2010）『毎日練習！リズムで身につく日本語の発音』スリーエーネットワーク
秋永一枝編（2001）『新明解日本語アクセント辞典（第 2 版）』三省堂
鮎澤孝子・谷口聡人（1991）「日本語音声の韻律的特徴」『日本語の韻律に見られる母語の干渉—音響音声学的対照研究』（文部省重点領域研究『日本語学』D1 班平成 2 年研究成果報告書）pp.1-24
NHK 放送文化研究所編（1998）『日本語発音アクセント辞典（新版）』NHK 出版
国際交流基金（2009）『音声を教える』（国際交流基金 日本語教授法シリーズ第 2 巻）ひつじ書房
中川千恵子（2001）「「ヘ」の字型イントネーションに注目したプロソディー指導の試み」『日本語教育 110 号』日本語教育学会 pp.140-149
中川千恵子・中村則子・許舜貞（2009）『さらに進んだスピーチ・プレゼンのための発音練習帳』ひつじ書房
中川千恵子・中村則子（2010）『初級文型でできる にほんご発音アクティビティ』アスク出版
藤崎博也（1989）「日本語の音調の分析とモデル化」『講座日本語と日本語教育 2　日本語の音声・音韻（上）』明治書院 pp.266-297

関連ウェブサイト

オンライン日本語アクセント辞書（OJAD）　www.gavo.t.u-tokyo.ac.jp/ojad/
みんなの音声プロジェクト　www.kyorin-u.ac.jp/univ/user/foreign/onsee/
外国語発音習得研究会　hatsuon.org/

著者

中川千恵子（なかがわ ちえこ）
元早稲田大学非常勤講師

木原郁子（きはら いくこ）
元聖学院大学文学部日本文化学科非常勤講師

赤木浩文（あかぎ ひろふみ）
専修大学国際交流センター日本語チーフコーディネーター

篠原亜紀（しのはら あき）
国際交流基金日本語国際センター専任講師

イラスト	須藤裕子
本文デザイン	市川貴司
本文DTP・校正	株式会社鷗来堂
カバーデザイン	岡﨑裕樹（株式会社アスク）
ナレーション	川村 幸　中村宏太　不破亮輔　川村夏子　陳 偉
録音・編集	爽美録音株式会社

伝わる発音が身につく！
にほんご話し方トレーニング

2015年 2月28日　初版第1刷　発行
2024年 3月 6日　初版第7刷　発行

著　者	中川千恵子・木原郁子・赤木浩文・篠原亜紀
発 行 人	天谷修身
発　　行	株式会社アスク 〒162-8558　東京都新宿区下宮比町2-6 TEL 03-3267-6864　FAX 03-3267-6867 https://www.ask-books.com/
印刷・製本	日経印刷株式会社

乱丁・落丁はお取替えいたします。許可なしに転載・複製することを禁じます。
©Chieko Nakagawa, Ikuko Kihara, Hirofumi Akagi, Aki Shinohara 2015　Printed in Japan
ISBN 978-4-87217-944-6

アンケートにご協力ください
 https://www.ask-books.com/support/